これがほんとの

料理の
きほん

しらいのりこ

成美堂出版

いつもの料理をアップデートするために

料理のツボ がわかると もっとおいしく作れます

調理の悩みや疑問点を洗い出し、13のテーマに分けました。
炒める、煮るといった加熱調理だけでなく、下ごしらえにも注目し、
それぞれの料理で一番大事な調理＝「ツボ」をピックアップ。
1つの料理で1つのツボさえ覚えていけば、調理スキルは自然とアップ。
71品の定番レシピも習得できる、という仕組みです。

1. 炒めものを、うまく作れていますか？

➡ 炒めものは、準備 と ダンドリ で 勝負が決まる

2. 水きりについて、考えたことありますか？

➡ すべての料理に、水きり は 必要

3. 肉をいい感じに焼けますか?

➡ **肉を焼くときは**
まず 常温 にもどしてから

4. 塩のふり方、どうしていますか?

➡ **塩の扱い で、料理はガラリと変わる**

5. ひき肉料理、ふっくら仕上がりますか?

➡ **ひき肉料理は**
肉汁 のコントロールが決め手!

6. 蒸し料理をあきらめてはいませんか?

➡ **蒸しものは、蒸し器なし でも作れる**

7. 揚げものは難しい！と、あきらめていませんか？

➡ 揚げものは油の量や温度より 下ごしらえ

8. 食材のゆで方で差がつくって、知ってました？

➡ 素材ごとの適した 温度 や 冷まし方 がある

9. 魚をおろせないとだめですか？

➡ 魚は 切り身 で充分。

臭み取り はしっかりと

10. ホワイトソースって面倒ですか？

➡ 具と一緒に小麦粉を炒める

簡易版 でも充分おいしい

11. 煮ものや煮込み、手順を意識していますか?

➡ 煮ものはやっぱり さしすせそ

12. 炊飯の知識、アップデートしてますか?

➡ 大事なのは 炊飯前 ! 米の扱いでごはんが変わる

13. だしをとっていますか?

➡ 家庭のだしは 少量 & 簡単 でいい

イメージ力をつけるためのおすすめ14献立

献立に セオリーはない のです

レシピ表記について
- 計量単位は1カップ＝200mℓ、大さじ1＝15mℓ、小さじ1＝5mℓです。
- 調味料類は、特に指定がない場合、しょうゆは濃口しょうゆ、砂糖は上白糖、塩は粗塩、酒は清酒、みりんは本みりんを使っています。油は指定がない場合は、好みの油を使ってください。
- 電子レンジは出力600Wを基準としています。500Wの場合は、加熱時間を1.2倍にしてください。機種によって加熱時間が変わることがあるので、様子をみて調整してください。
- 野菜類などは、特に記載がない場合、洗う、皮をむくなどの作業をすませてからの工程を説明しています。

ただのストックから即戦力へ！
下味つき冷凍 で
機動力を上げましょう

時間をかけずにいつものおいしさ
味つけに迷わない
作りおき調味料

素材や調理方法で料理が選べる索引もあります

1.

分量と時間を「はかる」と味がブレなくなる

レシピは、材料と調味料のバランスと
加熱時間を充分計算して作られています。
とくに野菜は、材料表の重量(g)を優先させると、
いつも同じおいしさに仕上げられます。
加熱時間もタイマーではかる習慣をつけましょう。

「失敗した
減らす
知ってお

2.

「調味料」の選び方で味が変わることもある

みそは、ものによって塩けや風味がかなり異なるので、
味見をして加減しましょう。
精製塩は、塩けが強くなる場合があるので、粗塩がおすすめ。
また、「料理酒」や、「みりん風調味料」は、
酒、本みりんとは製法が異なり、塩分や香料、
水飴などが含まれているものもあり、味わいも違ってきます。

3. フライパンは「26cm」と「20cm」、鍋は「20cm」がおすすめ

2人分の料理なら、このサイズがあれば充分。
フライパンはフッ素樹脂など
表面加工してあるものがおすすめです。
深さのあるものを使えば、
煮ものなども作れます。
蒸し焼きなどもできるよう、
サイズの合うふたも用意しましょう。

かも!?」を
ために
きたいこと

4. 「味見」をすると、「加減」もできる

仕上げ前に味見をすると、
「このくらい塩をふると、こんな味になる」と
いう自分のスタンダードがわかり、
味の加減もできるようになるのです。

5. 「火加減」と「鍋中」を意識する

火加減は調理の要なので、目安を覚えましょう。
ただし、調理器具によって差が出ることもあるので、
フライパンや鍋の中を見て、焼け加減や煮汁の減りなどをチェック。
様子をみながら調整することも大切です。

火加減
強火＝鍋の底からはみ出さないくらいに炎が当たっている状態。
中火＝炎の先が鍋の底にちょうど当たっている状態。
弱火＝炎の先が鍋の底に触れないくらいの状態。

1. ［ スピナー ］

遠心力を利用すると、水きりが劇的に変わる

スピナーを使うと、
ざるやペーパータオルでは取りきれない水けが
しっかりきれるので、
サラダがびっくりするほどおいしくなります。
野菜を水にさらすボウルがわりにも使えるので
持っていると便利です。

道具
料理
10%

2. ［ トング ］

菜箸よりもたつかないから、スムーズで安全

トングは厚みのある食材も支えやすいので、
菜箸よりも作業効率が上がります。
肉を返したり、揚げものを取り出したり、
パスタの盛りつけにもぴったりです。
長すぎると力が入れにくく場所もとるので、
長さ20cm程度のものがよいでしょう。

3.

[ゴムべら]

底や側面にフィットして、混ぜる＆かき出すに大活躍！

ゴムべらは柔軟性があるので、混ぜるだけでなく、
粘度のあるものをかき出すのには適役。
フライパンに残ったソースを
かき出すのにも便利なので、
耐熱性のものがおすすめです。

選びで、の腕はUPする

4.

[ピーラー]

下ごしらえがスピードアップする

調理で一番ストレスなのは、
野菜の下ごしらえに手間がかかること。
ピーラーを使えば手間も時間も減らせます。
きゅうりや大根、にんじんなどをリボン状に削ったり、
ごぼうのささがきにも使えるから便利！

5.

[落としぶた]

やっぱりあったほうがいい。煮ものが安定した仕上がりに。

落としぶたは煮汁を素材全体にまわすことができます。
アルミホイルなどでも代用できますが、
ほどよい重さのほうが、
煮くずれも防げるので用意しておきましょう。
鍋の大きさに合わせられる
フリーサイズのものがおすすめです。

いつもの料理をアップデートす

料理のツボ

もっとおいし

今までなんとなくやっていたことを見直すと、

もう少し、料理が上手になれるツボが見つかります。

たとえば、「野菜の水をきる」「肉を常温にもどす」「塩の使い方」……。

なぜそうするのか、どうやったらいいのかがわかると、

ちゃんとおいしく作れるし、もっとラクもできるはず。

今日からすぐできることは、たくさんあります！

るために

がわかると

く作れます

Q. 炒めものを、うまく作れていますか?

いつまで炒めたらいいの?

水っぽくなっちゃう!

卵炒めがパサパサに(涙)

炒めものは、

準備 と ダンドリ で

勝負が決まる

炒めものは、短時間で作れる手軽な料理ですが、

工程がシンプルなだけに、ちょっとしたことで仕上がりに差が出ます。

何より大事なのは、切った材料、油、味つけの調味料など、

すべてコンロのまわりに用意してから火をつけることです。

単純なことですが、これで調理がもたつかず、ベストな状態に仕上げられます。

また、下ごしらえや、炒める順番でも火の通り加減は違ってきますから、

ぜひ意識してみましょう。

もやしは油で コーティング！

野菜を油でコーティングしておくと
水けが出にくくなります。
とくにもやしには効果的です。
➡ P.25 もやしとベーコン炒め

切り方で 食感が変わる！

太さをそろえると、
火の通りが均一になって
食感がよくなります。
少していねいに切ることを
心がけて。
➡ P.18 きんぴらごぼう

時間差で炒める

同じ野菜でも、かたい芯や
茎の部分は先に炒めます。
全体に同じくらい
火が通るのが理想的。
➡ P.24 青梗菜と鶏ささ身の
塩炒め

豚肉とキャベツのみそ炒め

豆板醤入りでちょっとピリ辛なみそ味の炒めものは
ごはんがいくらでも食べられる人気おかず。

材料(2人分)

豚バラ焼き肉用肉……150g
キャベツ……¼個(約250g)
長ねぎ……½本
ピーマン……2個
にんにくの薄切り……1片分
塩……少々
油……大さじ1
合わせ調味料
- みそ、酒……各大さじ2
- 砂糖……大さじ1
- 豆板醤……小さじ1

1 キャベツは芯を取ってざく切りにする。長ねぎは幅5mmの斜め切りに、ピーマンは縦半分に切ってヘタと種を取り、乱切りにする。豚肉は幅4cmに切り、塩をふる。合わせ調味料の材料を混ぜておく。

2 ボウルにキャベツ、長ねぎ、ピーマン、にんにくを入れ、油をからめる。

3 フライパンに豚肉を入れて中火にかけ、そのまま1分ほど焼く。出てきた脂を拭き取り、**2**を加えて1分30秒ほど、ざっくり混ぜながら炒める。合わせ調味料を加えて、さっと炒める。

調味料を加えたら全体を2〜3回混ぜればOKです。菜箸と木べらで持ち上げるようにするとうまく混ぜられます。余熱でも火が入るので、手早く器に盛って。

これがツボ!

一気に仕上げるから、調味料は先に準備

炒めている途中ではかったり、混ぜたりしてもたもたしていると、炒めすぎて肉がかたくなったり、野菜から水分が出る原因になってしまいます。

きんぴらごぼう

あるとうれしい常備菜の定番。
味つけは、根菜全般に応用できます。

材料（2人分）
ごぼう……½本（約100g）
にんじん……⅓本（約50g）
赤唐辛子の小口切り……小さじ½
ごま油……大さじ1
A｜酒……大さじ1
　｜砂糖……大さじ½
　｜しょうゆ、みりん……各大さじ1

1 ごぼうはたわしでこすり洗いし、幅5mmの斜め薄切りにしてから、せん切りにする。水に5分ほどさらし、水けをきる。にんじんは皮つきのまま幅5mmの斜め薄切りにしてから、せん切りにする。

2 フライパンにごま油を中火で熱し、ごぼうを炒める。しんなりしたらにんじんを加えてさっと炒める。赤唐辛子を加えて全体を混ぜ、**A**を順に加えてそのつど混ぜ、汁けがなくなるまで炒める。

これがツボ！ ## 太さをそろえれば仕上がりも均一

材料を同じ太さにそろえておけば、むらなく火が通り、シャキッと歯ざわりのよいきんぴらに仕上がります。厚み、幅がばらつかないよう、ていねいなせん切りを心がけましょう。

きのことじゃこの
ペペロンチーノ炒め

きのことじゃこのダブルのうまみが広がります。
ワインのおともにもおすすめ。

材料(2人分)

しめじ……1パック(約100g)

エリンギ……½パック(約50g)

まいたけ……½パック(約50g)

ちりめんじゃこ……10g

オリーブオイル……大さじ1

A　にんにくのみじん切り……½片分
　　赤唐辛子の小口切り……小さじ1
　　オリーブオイル……大さじ1
　　塩……小さじ¼

1 しめじは石づきを切り落としてほぐす。エリンギは長さ3cmに切り、縦に薄切りにする。まいたけはひと口大にほぐす。Aは混ぜておく。

2 フライパンにオリーブオイルを中火で熱し、**1**のきのこを1分ほど炒める。A、じゃこを加えてさらに1分ほど炒める。

これがツボ! ## にんにくは後入れで、香りをふわり

にんにくや赤唐辛子を具材より先に炒めると、あとでこげてしまうことがあります。油と合わせておいて香りを移し、最後に加えることで、こがさずに風味や香りを生かすことができます。

えびのチリソース炒め

ごちそう中華の代表選手。
えびは片栗粉と水をふってもむと臭みが取れます。

炒めものは、準備とダンドリで勝負が決まる

材料(2人分)

えび(殻つき)……大10尾(約300g)
A｜片栗粉、水……各大さじ1
下味
  片栗粉、油……各大さじ1
  酒……小さじ1
  塩……少々
油……大さじ2
合わせ調味料
  水……½カップ
  トマトケチャップ……大さじ2
  酒……小さじ2
  しょうゆ、砂糖、片栗粉……各小さじ1
B｜しょうがのみじん切り……1かけ分
  にんにくのみじん切り……½片分
  豆板醤……小さじ½
長ねぎのみじん切り……½本分
ごま油……小さじ2

1. えびは殻をむいて足を取り、背に深い切り込みを入れ、包丁で背ワタをかき出す。**A**をふってもみ、水洗いをして水けを拭き、ボウルに入れて下味の材料ををまぶす。合わせ調味料の材料を混ぜておく。

2. フライパンに油を中火で熱し、えびを1分ほど炒めて取り出す。続いて**B**を入れて炒め、香りが立ったら合わせ調味料を再び混ぜてから加えて混ぜる。

3. ひと煮立ちしたらえびを戻し入れ、長ねぎを加えて混ぜ、ごま油をまわしかける。

えびは背に深めの切り込みを入れることで、背ワタが包丁できれいにかき出せて、見映えもよく仕上がります。

これがツボ!

下味の片栗粉で
プリプリ食感

下味に片栗粉と油を加えてえびにからめておきます。こうすると炒めたときにえびの水分が抜けるのを防げて、プリッとした食感に。ソースのなじみもよくなります。

卵と豚肉、きくらげの炒めもの

卵のやわらかさがおいしさの決め手。
多めの油で炒めるのがポイント！

材料(2人分)

卵……3個
豚バラ薄切り肉……100g
きくらげ(乾燥)……10g
長ねぎ……½本
塩……少々
油……大さじ2
合わせ調味料
│ オイスターソース、酒……各大さじ1

1 きくらげはたっぷりのぬるま湯に30分ほどつけてもどし、かたい部分を切り落として食べやすい大きさに切る。長ねぎは幅1cmの斜め切りにする。豚肉は幅4cmに切り、塩をふってもむ。卵は溶きほぐす。合わせ調味料の材料を混ぜておく。

2 フライパンに油を強火で熱し、卵を流し入れ、縁から卵がふくれてきたら大きく混ぜ、いったん取り出す。

3 2のフライパンに豚肉を入れて中火で炒め、焼き色がついたら、長ねぎ、きくらげを加えて炒め合わせる。2の卵を戻し入れ、合わせ調味料を加えてなじませる。

油をしっかり熱してから卵を入れ、油を吸わせるように大きく混ぜると、ふんわりと仕上がります。

これがツボ！

卵はいったん取り出して ふわっと感をキープ

卵は半熟に炒めていったん取り出し、他の具を炒めたあとで戻し入れます。炒めすぎることがないので、ふわふわの状態をキープしたまま仕上げられます。

青梗菜と
鶏ささ身の塩炒め
（チンゲンサイ）

やさしい味わいの素材の組み合わせは、
しょうがが香るあっさり塩炒めで。

材料（2人分）

青梗菜……2株
鶏ささ身……2本（約100g）
しょうがのせん切り……1かけ分
油……適量
下味
　┌ 塩……少々
　└ 酒、油、片栗粉……各大さじ1
ごま油……大さじ1
A ┌ 酒……大さじ1
　　└ 塩……小さじ½

1 青梗菜は根元を少し切り落とし、水に5分ほどつけてシャキッとさせる。茎と葉を切り分け、茎は縦に放射状に6等分に切り、茎、葉それぞれに油小さじ½ずつをまぶす。ささ身は薄いそぎ切りにしてボウルに入れ、下味の材料を順に加えてもむ。

2 フライパンにごま油を中火で熱し、ささ身を炒める。色が変わってきたら青梗菜の茎、葉の順に加え、そのつど油がなじむまで炒める。

3 しょうがとAを加え、炒め合わせる。

これがツボ！　**茎→葉の順でジャストな仕上がりに**

青梗菜のように、葉と茎のかたさや食感が違う野菜は、時間差をつけて炒めます。それぞれがベストな食感に仕上がるように、火の通りにくい茎から炒め、油がなじんだら、葉を加えて。

もやしとベーコン炒め

水けを出さずにシャキッと炒めれば、
庶民派のもやしがお店の味に。

材料(2人分)

もやし……1袋(約250g)
ベーコン……1枚
油……大さじ1
酒……大さじ1
塩……小さじ½
こしょう……少々

1 もやしはひげ根を取ってさっと洗い、水けをよくきってボウルに入れ、油をまぶす。ベーコンは幅1cmに切る。

2 フライパンにベーコンを入れて中火にかけて炒め、脂が出てカリッとしたら強火にし、もやしを加える。酒、塩を加えて2分ほど炒め合わせ、器に盛り、こしょうをふる。

これがツボ!

油コーティングで水けを出さない

あらかじめ油でコーティングしておくと、炒めている間に余分な水けが出ません。食感よく仕上がるうえ、調味料が薄まらず、味が決まります。また、もやしはひげ根を取ると歯ざわりがよく、臭みも取れます。

Q. 水きりについて、考えたこと ありますか？

パリッ、シャキッの野菜炒めが食べたい！

レシピ通りなのに味、薄くない？

豆腐の水きり、絶対必要？

すべての料理に、水きり は 必要

素材の余分な水分をそのままにしておくと、

食感が悪くなったり、調味料が薄まって味がぼやけたりして、

ちょっと残念な仕上がりになってしまいます。

必要な水分はキープしつつ、余分な水分を上手に取り除くことは、

おいしさの大きな決め手になります。

素材に合った水きりの仕方を覚えておきましょう。

炒める野菜に水分を含ませる

野菜の細胞に水を含ませると
火を通してもシャキッ!
歯ざわりのよい炒めものに。
● P.31 小松菜のにんにく炒め

余分な水けを除けば味が決まる

水けがついたままだと、
味つけが薄まってぼやけた味に。
調味前にしっかり取りましょう。
● P.30 ほうれん草のごまあえ

切ったり、くずしたりして水きりするのもアリ

料理に合わせた水きりで
豆腐のおいしさが
より引き出せます。
● P.32 麻婆豆腐

グリーンサラダ

シンプルだからこそ、こだわりたいのが下準備。
歯ざわりよく、ドレッシングのからみもいい絶品サラダに。

すべての料理に、水きりは必要

材料(2人分)
サニーレタス……¼株
グリーンリーフ……¼株
きゅうり……½本
玉ねぎ……¼個
フレンチドレッシング(P.200参照)
　　……適量

1 サニーレタス、グリーンリーフは食べやすい大きさにちぎる。きゅうりは縦半分に切ってから、斜め薄切りにする。玉ねぎは縦に薄切りにする。合わせて冷水に10分ほどつけてシャキッとさせる。

2 スピナーで水けをしっかりときり、冷蔵庫で冷やし、パリッとさせる。

3 器に盛り、食べる直前にドレッシングをかける。

水きり後、野菜をしっかり
冷やすことでさらにパリッと
します。

これがツボ!

葉野菜は冷水に
つけてシャキッ!

冷水に10分ほどつけることで野菜のハリがよみがえります。余分な水分で、ドレッシングが薄まってしまわないように、その後はしっかり水けをきって。サラダ作りにスピナーは必需品です。

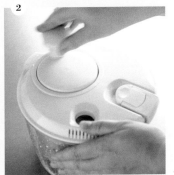

ほうれん草のごまあえ

ごまの風味と香りがふわりと広がるあえごろもは、
他の野菜にも応用できます。

材料(2人分)

ほうれん草……1束(約200g)

A | 黒すりごま、砂糖、しょうゆ
  | ……各小さじ2

1 ほうれん草は冷水に10分ほどつけてシャキッとさせる。大きめのボウルにAを混ぜておく。

2 鍋にたっぷりの湯を強火で沸かし、ほうれん草を根元の方から入れる。再び沸騰してから30秒ほどゆで、冷水にとって冷まし、しっかりと水けをしぼる。

3 根元を切り落として長さ5cmに切り、再び水けを軽くしぼる。1のボウルに加えてあえる。

これがツボ！ ▶ ## 水けをしぼると味が決まる

水けがついたままでは、せっかくの調味料が薄まってしまい、でき上がりがぼやけた味になってしまいます。冷水で冷ましたあとで水けをしぼり、あえる直前にもう一度軽くしぼるとよいでしょう。

小松菜のにんにく炒め

にんにくはこがさないように
あとから加えて、香りを生かします。

材料（2人分）

小松菜……1束(約200g)
にんにくのみじん切り……1片分
油……大さじ1
酒……大さじ1
塩……小さじ½

1 小松菜は10分ほど冷水につけてシャキッとさせる。水けをきって長さ3cmに切る。

2 フライパンに小松菜を入れ、油をまわしかけてさっと混ぜ、強火にかける。

3 2分ほどしたら上下を返し、にんにくを加えて混ぜる。酒、塩をふり、さっと炒める。

これがツボ！

水を吸わせると仕上がりシャキッ

10分ほど冷水につけることで野菜の細胞が水分を含み、ハリが出て、炒めてもシャキッとした食感が残ります。さらに、先に油をまぶし、強火で炒めれば、水分が出てしまうことも防げます。

麻婆豆腐

ひき肉はしっかり炒めて、コクをアップ。
仕上げの粉山椒で、華やかな辛みと香りになります。

すべての料理に、水きりは必要

材料(2人分)

木綿豆腐……1丁(300g)
豚ひき肉……100g
A | しょうがのみじん切り……1かけ分
　　| にんにくのみじん切り……1片分
長ねぎのみじん切り……½本分
油……大さじ1
ごま油……大さじ1
B | 水……1カップ
　　| 酒……大さじ2
　　| みそ、しょうゆ……各大さじ1
　　| 砂糖……小さじ2
　　| 豆板醤……小さじ1
水溶き片栗粉
　　| 水……大さじ1
　　| 片栗粉……小さじ1
粉山椒……少々

1 豆腐は2cm角に切り、ペーパータオルを敷いたバットに広げてのせ、10分ほどおく。**B**は混ぜておく。

2 フライパンに油を弱火で熱し、ひき肉を炒める。ひき肉の脂が透き通ってきたら**A**を加えて炒め、香りが立ったら、**B**を加えて混ぜる。

3 煮立ったら豆腐を加え、フライパンをときどきゆすりながら3〜4分煮る。長ねぎと、水溶き片栗粉を混ぜて加え、さっと混ぜ、再び煮立ったら、ごま油をまわしかける。器に盛り、粉山椒をふる。

豆腐を加えたら、豆腐がくずれてしまうので混ぜすぎは厳禁。フライパンをときどきゆすするくらいでOKです。

これがツボ!

切ってから
水きりすると早い!

豆腐を食べる大きさに切ってから水きりすれば、切り口が増えて水が出やすくなるので、早く水がきれます。ペーパータオルに広げてのせておくだけだから簡単です。

いり豆腐

昔ながらの常備菜。
やさしい味わいにほっとします。

材料(2人分)

木綿豆腐……1丁(300g)
干ししいたけ……2個
にんじん……小¼本(約30g)
ちくわ……1本
さやいんげん……2本
ごま油……小さじ2
A｜薄口しょうゆ……小さじ2
　｜砂糖……小さじ1

1 干ししいたけは½カップのぬるま湯に1時間ほどつけてもどし、石づきを切り落とし、薄切りにする。もどし汁はこして、混ぜた**A**に大さじ4を加える。

2 豆腐はひと口大にちぎる。耐熱ボウルに入れ、ラップをかけずに電子レンジで3分ほど加熱し、出てきた水けを捨てる。

3 にんじんはせん切りにし、ちくわは幅5mmの輪切りにする。さやいんげんは斜め薄切りにする。

4 フライパンにごま油を中火で熱し、にんじん、しいたけ、ちくわを1分ほど炒める。豆腐を加えて全体を混ぜ、もどし汁を加えた**A**を加えて汁けがなくなるまで6〜8分炒め煮にする。さやいんげんを加えてさっと炒める。

これがツボ！ **くずす調理なら、レンジ加熱が最速**

豆腐の形を残さなくてよいときは、手でちぎってから電子レンジで加熱するのがおすすめです。切り口が大きくなり水が出やすくなるので、しっかり水きりをすることができます。

にんじんと
ブロッコリーの白あえ

やさしい甘みの豆腐のあえごろもは、
塩ゆでした野菜によく合います。

材料(2人分)

絹ごし豆腐……½丁(150g)

にんじん……小¼本(約30g)

ブロッコリー……½個(約150g)

芽ひじき(乾燥)……大さじ1

塩……小さじ1

白練りごま……大さじ1

A 砂糖……小さじ1
　 薄口しょうゆ……小さじ½

1 ひじきはたっぷりの水に20分ほどつけてもどし、水けをきる。豆腐は半分に切り、さらに厚みを半分に切ってペーパータオルを敷いたバットに並べ、10分ほどおく。ざるでこしてなめらかにする。

2 にんじんはせん切りにし、ブロッコリーは小房に分ける。

3 鍋に3カップの湯を強火で沸かし、塩を加える。ブロッコリーを入れ、1分30秒たったらにんじん、ひじきを加えてさらに1分ゆでて、ざるに上げる。

4 ボウルに練りごまを入れ、豆腐を少しずつ加えて混ぜる。**A**を加えて混ぜ、**3**を加えてあえる。

これがツボ！

ペーパータオルでほどよく水きり

白あえはほどよく水分を残したいので、重しをのせずにペーパータオルにのせておくだけで充分です。4等分くらいに切っておけば、10分ほどで水きりできます。

揚げだし豆腐

ころもはカリッ、中はふんわり。
片栗粉は揚げる直前にまぶすのがコツです。

材料(2人分)

木綿豆腐……1丁(300g)

片栗粉……大さじ4

揚げ油……適量

大根おろし……適量

一味唐辛子、万能ねぎの小口切り
　　……各少々

かけつゆ

　水……大さじ8

　万能だれ(P.192参照)……大さじ4

1 豆腐はペーパータオルで包み、バットなどで重しをのせ、10分ほどおく。4等分に切って片栗粉をまぶす。

2 フライパンに揚げ油を深さ2cmほど入れて中温(約170℃・P.79参照)に熱し、**1**を並べ入れる。2分ほど揚げたら上下を返し、表面がカリッとするまでさらに2分ほど揚げる。

3 器に盛り、大根おろしをのせ、一味唐辛子をふる。万能ねぎをちらし、かけつゆの材料を混ぜて注ぐ。

すべての料理に、水きりは必要

これがツボ!

重しは 豆腐と同じ重さが目安

豆腐の形を残したまましっかりと水けをきりたいときは重しをのせて、水きりします。重しは豆腐と同じくらいの重さか、少し重いくらいが目安です。平らなバットや皿などを重ねてのせるとよいでしょう。

Q. 肉をいい感じに焼けますか?

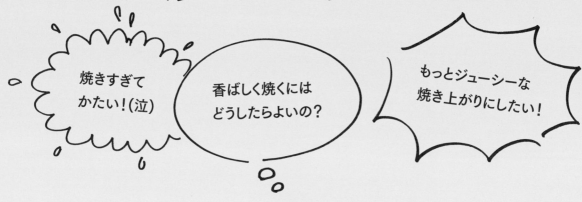

焼きすぎてかたい!(泣)

香ばしく焼くにはどうしたらよいの?

もっとジューシーな焼き上がりにしたい!

肉を焼くときはまず にもどしてから

表面はカリッと香ばしく、中は肉汁たっぷりでやわらか。

そんな目標を達成するにはまず、肉を常温にもどすことから始めます。

冷蔵庫から出したての冷たい肉では、表面は焼けても、

中心まではなかなか熱が伝わりにくく、中は生焼け…なんてことに。

しっかり火を通そうとすれば、焼きすぎてかたくなる原因にも。

だから、常温にもどしておくことが必要なのです。

肉を上手に焼くツボも紹介します。

鶏肉は皮目を
フライパンにギュッ!

皮の全面が、熱いフライパンの面に
まんべんなく当たるように
ギュッと押しつけながら焼いて。
➡ P.40 **チキンソテー**

かたまり肉は
余熱で絶妙の
火通りに

火から下ろしても、
余熱でじんわりと
火を通すことはできます。
これで絶妙の火通りに。
➡ P.46 **牛肉のタリアータ**

表面をしっかり焼けば
肉汁は逃げない

まず表面をじっくり焼くことで、
肉汁の逃げ道を封鎖。
動かしすぎはNGです。
➡ P.42 **ポークチャップ**

チキンソテー

カリッと香ばしい皮の焼き上がりを目指します。
味つけはシンプルでも充分おいしい。

材料(2人分)

鶏もも肉……小2枚(約400g)

A 酒……大さじ1
　　塩……小さじ1
　　こしょう……少々

オリーブオイル……大さじ1

つけ合わせ
　じゃがいも……1個
　さやいんげん……6本

1 鶏肉は冷蔵庫から出して30分ほどおいて常温にもどす。じゃがいもは皮つきのまま、厚さ1cmの輪切りにする。さやいんげんは斜め半分に切る。鶏肉の余分な脂を切り落とし、皮目を下にして置き、身の厚い部分に切り込みを入れて開き、厚みを均一にする。皮目を上にして、包丁の先を10カ所ほど刺し、混ぜた**A**をふって全体にからめる。

2 フライパンにオリーブオイルを弱めの中火で熱し、じゃがいもを入れて3分ほど焼いて上下を返す。さやいんげんを加えて3〜4分炒めて、じゃがいもとともに取り出す。

3 **2**のフライパンに鶏肉を皮目を下にして入れて弱火にし、フライパンよりも小さなふたをのせ、ときどき押さえながら5〜6分、皮がカリッとなるまで焼く。出てきた脂はペーパータオルで拭く。上下を返し、水大さじ1をふり、ふたをせずに4分ほど焼く。**2**とともに器に盛る。

皮目に包丁の先を刺して穴をあけておくことで、焼いたときに皮が縮んでしまうのを防ぎます。

これがツボ!

肉を押さえつけて、皮をカリッと香ばしく

皮目を下にしてフライパンに入れ、皮全体がフライパンに接するようにして弱火でじっくり焼きます。小さめのふたなどで押さえつけるのがおすすめ。焼く直前に塩をふる、出てきた脂をしっかり拭き取るというのもカリッとさせるポイント。

ポークチャップ

ケチャップ味のソースがとろりとからんで、
ごはんにも、パンにも合うおかずに。

材料(2人分)

豚ロースとんカツ用肉……2枚(約240g)
マッシュルーム……6個
塩、こしょう……各少々
小麦粉……適量
バター……10g
油……小さじ2
ソース
| トマトケチャップ……大さじ2
| 酒……大さじ1
| ウスターソース、しょうゆ……各大さじ½
つけ合わせ
| カリフラワー……½個
| グリーンピース(缶詰)……1缶(55g)

1 豚肉は冷蔵庫から出して20分ほどおいて常温にもどす。マッシュルームは薄切りにし、カリフラワーは小房に分け、ラップで包み、電子レンジで2分ほど加熱する。グリーンピースは汁けをきる。ソースの材料を混ぜておく。豚肉の脂身と赤身の間に包丁の先を直角に刺して筋切りをする。裏面も同様に筋切りをして両面に塩、こしょうをふり、小麦粉を薄くまぶす。

2 フライパンにバターを弱火で熱し、グリーンピースをさっと炒め、ふたをして1分蒸し焼きにし、取り出す。

3 **2**のフライパンに油を入れて弱火で熱し、豚肉を並べ入れる。フライパンのあいているところでカリフラワーを炒める。2分たったら豚肉の上下を返し、カリフラワーを取り出す。

4 あいているところにマッシュルームを入れて炒める。豚肉をさらに2分ほど焼いたら、ソースを加え、軽く煮詰めながらからめる。**2**、カリフラワーとともに器に盛る。

薄く小麦粉をまぶすと、カリッと香ばしく焼けます。ソースにほどよいとろみもついて、味がよくからみます。

これがツボ!

焼き始めは、動かさない

肉を入れてすぐ動かすと、焼き目がつきにくく、香ばしく焼けません。2分ほどはさわらずにじっくりと焼きましょう。表面をしっかり焼くことで、肉汁が出てしまうのも防ぎます。

豚肉のしょうが焼き

下味にも、たれにもしょうがを加えて、
風味豊かに焼き上げます。

材料（2人分）

豚ロースしょうが焼き用肉……6枚

A 酒……大さじ1
しょうがのすりおろし……1かけ分

油……小さじ2

しょうがだれ
しょうがのすりおろし……1かけ分
酒、しょうゆ……各大さじ1
砂糖……小さじ1

つけ合わせ
キャベツのせん切り……2枚分

1 豚肉は冷蔵庫から出して10分ほどおいて常温にもどし、脂身と赤身の間に包丁の先を直角に刺して筋切りをし、**A**をもみ込む。しょうがだれの材料を混ぜておく。

2 フライパンに油を中火で熱し、豚肉を並べ入れる。肉の色が変わってきたら上下を返し、1分焼く。しょうがだれを加えてからめながら、さらに1分ほど焼く。キャベツとともに器に盛る。

先にたれをからめてから焼くと、肉がしまってかたくなり、こがしてしまう原因にもなります。肉が焼けてからからめると、やわらかな仕上がりに。

これがツボ！

筋切りをすれば
焼き縮みなし

筋切りをせずに焼くと、焼いている間に肉が縮み、そり返ってしまいます。脂肪と赤身の間に1cmほどの間隔で包丁の先を下までしっかり刺すようにして、筋切りをします。しょうが焼き用の厚さなら、片面だけでOKです。

牛肉のタリアータ

牛肉を大きいまま焼き、薄切りにする料理がタリアータ。
中がロゼ色の焼き上がりが目標です。

材料(2人分)

牛ももステーキ肉……1枚
　(厚さ2cmほどのもの・約300g)
塩……小さじ½
こしょう……少々
にんにく(つぶす)……1片
オリーブオイル……大さじ1
ソース
　| バター……10g
　| 赤ワイン……大さじ3
　| しょうゆ、砂糖……各大さじ1
パルミジャーノチーズ……適量
粗びき黒こしょう……少々
つけ合わせ
　| ルッコラ……1袋

1. 牛肉は冷蔵庫から出して1〜2時間おいて常温にもどす。肉の繊維を断つように包丁の先を刺して筋切りをする。裏面も同様にして筋切りをし、両面に塩、こしょうをすり込む。

2. フライパンにオリーブオイルとにんにくを入れて弱火で熱し、香りが立ったら強火にして、牛肉を入れる。片面2分ずつ(肉の厚さが1cmほどの場合は片面1分ずつ)焼いて取り出し、アルミホイルで包み、15分ほどおく。

3. 2のフライパンにソースの赤ワイン、しょうゆ、砂糖を入れて中火にかけ、とろりとするまで煮詰め、バターを加えてなじませ、火を止める。

4. 2を薄切りにする。器にルッコラを敷き、牛肉をのせ、ソースをかける。チーズをピーラーで削って散らし、黒こしょうをふる。

白い大きな筋のところに直角に切り込みを入れるように、包丁の先を刺します。

これがツボ!

余熱を上手に使って しっとりと

肉の両面を焼いたら取り出して、すぐにアルミホイルで包んで余熱でじっくり熱が入るようにします。これで外側はこんがり、中は赤みが残った絶妙な焼き上がりになります。

Q. 塩のふり方、どうしていますか?

塩加減ってムズカシイ

いつふったらよいの?

洗うのに、塩?

塩の扱い で、料理はガラリと変わる

塩は料理に欠かせない存在。

なぜなら、味つけの基本は塩けだからです。

塩が効いていれば、素材はちゃんとおいしくなります。

なんとなくふるのではなく、「きちんと効かせる」方法や割合を知っておきましょう。

また、塩は味つけ以外にもいろいろと働いてくれます。

野菜の色を鮮やかにしたり、肉や魚の余分な水分を除いたり。

塩と上手につきあうと、料理の腕はグンと上がります。

塩の分量は 素材の重さで 決まる

肉や魚は重さの約1%、
野菜は約2%。
これが適量です。

➡ **P.50 ポークソテー**

魚の臭みは 塩で抜く

魚は焼く10分前に
塩をふります。
余分な水分と臭みが抜けて
味つけも完了。

➡ **P.52 鮭の塩焼き**

塩の効果で 味しみも◎

里いものぬめり取りは塩もみで。
ぬめりが取れると、
味もよくしみるんです。

➡ **P.58 里いものそぼろ煮**

ポークソテー

塩で豚肉のうまみをググッと引き出して。
弱火でゆっくり焼けばしっとり仕上がります。

材料（2人分）

豚ロースとんカツ用肉……2枚（約240g）
塩……小さじ½
こしょう……少々
油……小さじ1
にんにくの薄切り……1片分
オリーブオイル……大さじ1
つけ合わせ
　｜ベビーリーフ……適量

1 豚肉は冷蔵庫から出して20分ほどおいて常温にもどし、脂身と赤身の間に包丁の先を直角に刺して筋切りをする。裏面も同様に筋切りをして両面に塩、こしょうをふる。

2 フライパンに油を弱火で熱し、**1**を並べ入れる。2分ほど焼いたら上下を返し、さらに3分ほど焼いて取り出す。ベビーリーフとともに器に盛る。

3 **2**のフライパンにオリーブオイルを弱めの中火で熱してにんにくを炒め、カリッとしたら油ごと豚肉にかける。

筋切りをせずに焼くと、焼き縮みの原因に。とんカツ用の厚さなら、両面の筋切りをします。脂肪と赤身の間に1cmほどの間隔で包丁の先を刺すようにします。

これがツボ！

肉は重さに対して
1%の塩をふる

肉の味つけは、肉の重さの1%ほどの塩分量を目安にしましょう。2枚で240gなら、塩はその1%の2.4g＝約小さじ½が適量です。まずバットに半量の塩をふり、そこに豚肉を置いて、残りの塩をふると、返す手間なく両面に塩をつけることができます。

鮭の塩焼き

下ごしらえの塩で味つけと臭み取りを同時に。
ほどよい塩けの焼き魚は、くり返し食べたくなる定番おかずです。

塩の扱い で、料理はガラリと変わる

材料（2人分）

生鮭……2切れ（約200g）
酒……大さじ1
塩……小さじ½
油……小さじ1
つけ合わせ
｜ししとう……4本

1 鮭は酒をからめ、塩をふって10分ほどおく。出てきた水けをペーパータオルで拭く。ししとうは包丁で縦に1本切り込みを入れる。

2 フライパンに油を弱めの中火で熱し、ししとうを炒めて取り出す。

3 2のフライパンに鮭を並べ入れる。皮をフライパンの側面に押しつけるようにしながら1分30秒ほど焼き、皮がこんがりしたら身を2分ほど、上下を返してさらに2〜3分焼く。ししとうとともに器に盛る。

これがツボ！

魚の塩は焼く10分前に

魚は塩をふって10分ほどおくと、浸透圧で水けが出てきます。その水けをしっかり拭き取ることで、余分な水分と、一緒に出てきた臭みが取れ、ほどよい塩味もつきます。時間をおくことが大切です。

コールスローサラダ

塩もみで口あたりがよくなり、野菜の甘みが際立ちます。
もりもり食べられるシンプルサラダ。

材料(2人分)

キャベツ……4枚(約200g)
玉ねぎ……¼個(約50g)
にんじん……小¼本(約20g)
ホールコーン(缶詰)……50g
A ┃ 水……大さじ1
　　┃ 塩……小さじ1
ドレッシング
　┃ 油……大さじ3
　┃ 酢……大さじ2
　┃ 砂糖……大さじ1
　┃ こしょう……少々

1 キャベツは幅5mmのせん切りに、玉ねぎは縦に薄切りにする。にんじんは長さ3cmのせん切りにする。

2 ボウルに**1**を入れ、混ぜた**A**をふってからめ、10分ほどおく。しんなりしたら水けをしっかりしぼり、別のボウルに入れる。

3 ドレッシングの材料をよく混ぜて**2**にかけ、汁けをきったコーンを加えてあえる。

塩の扱いで、料理はガラリと変わる

これがツボ！

野菜の塩もみは 2％の塩で

野菜を塩もみするときは、野菜の重さの約2％の塩と覚えましょう。塩は水に溶かしてから混ぜると、全体にむらなくなじみます。しっかり水をしぼれば、ちょうどいい塩味に。

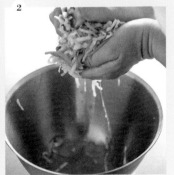

きゅうりとわかめの酢のもの

さっぱりとした酢のものは箸休めにぴったり。
ほどよい酸味に体もシャキッとします。

材料（2人分）

きゅうり……2本（約200g）
カットわかめ（乾燥）……2g
しょうがのせん切り……½かけ分
塩……小さじ2
A | 水……大さじ1
　 | 塩……小さじ⅔
合わせ酢
　 | 酢……大さじ2
　 | 砂糖……小さじ2

1 きゅうりはまな板に並べて塩をふり、まな板に押しつけるように前後に転がす（板ずり）。水洗いし、幅2mmの小口切りにしてボウルに入れる。混ぜたAをふってからめ、10分ほどおく。しんなりしたら水けをしっかりしぼり、別のボウルに入れる。

2 わかめはたっぷりの水に5分ほどつけてもどし、水けをきる。

3 合わせ酢の材料を混ぜて1にかけ、しょうが、わかめを加えてあえる。

これがツボ！

きゅうりの塩もみも、塩は2%

酢のものによく登場するきゅうりの塩もみも、塩分量はきゅうりの重さの約2%が目安です。塩は水に溶かしてから加えることで全体によくなじみます。しんなりしたらしっかりと水けをきって調味します。

オクラのおかかあえ

オクラのさっくり、ねばねばの食感がやみつきに。
削り節のうまみが味わいをまろやかにします。

材料（2人分）

オクラ……8本
青じそ……2枚
塩……大さじ1
A｜削り節……大さじ1
　｜しょうゆ……小さじ2
　｜酢……小さじ1
削り節……大さじ1

1 オクラはガクの部分を包丁でぐるりとむく。まな板に並べて塩をふり、まな板に押しつけるように前後に転がし（板ずり）、水洗いする。鍋に湯を強火で沸かし、1〜2分ゆでて冷水にとり、水けをきって2〜3等分の斜め切りにする。青じそは粗みじん切りにする。

2 ボウルに**1**を入れ、**A**を加えてあえる。器に盛り、削り節をのせる。

これがツボ！

色と口あたりをよくする「板ずり」

調理の前に塩をふり、まな板に押しつけるように前後に転がすのが「板ずり」。オクラはうぶ毛が取れて口あたりよく、色鮮やかに仕上がります。味つけの塩ではないので、洗い落としてから調理します。

里いものそぼろ煮

人気の甘辛味にしょうがを効かせて。
軽くとろみをつければ、そぼろもよくからみます。

塩の扱いで、料理はガラリと変わる

材料(2人分)

里いも……8個(約400g)
鶏ひき肉……100g
しょうがのせん切り……1かけ分
塩……大さじ1
油……大さじ1
酒……大さじ2
砂糖……小さじ2
しょうゆ、みりん……各大さじ2
水溶き片栗粉
  | 水……大さじ1
  | 片栗粉……小さじ1

1 里いもは皮をむき、半分に切ってボウルに入れ、塩をふってよくもむ。粘りが出てきたら水洗いをして、ペーパータオルで水けをよく拭く。

2 フライパンに油を中火で熱し、ひき肉をほぐしながら炒め、肉の色が変わったら里いもを加え、さっと炒める。水1カップと酒、しょうがを加えて煮立て、砂糖、しょうゆ、みりんの順に加える。

3 ふたをして8分ほど煮て、里いもに竹串がすっと通るようになったら、水溶き片栗粉を混ぜてから加え、とろみをつける。

これがツボ!

里いものアクと
ぬめりは塩で取る

里いもは塩をふってよくもむと、ぬめりが出てきます。水で洗い流せばアクも取れて上品な味わいに。ぬめりが取れると味のしみ込みもよくなります。

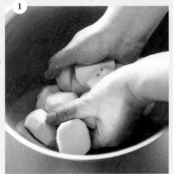

Q. ひき肉料理、ふっくら仕上がりますか？

ハンバーグがパサつくのはなぜ(泣)

ロールキャベツを巻くのがプレッシャー！

ギョウザがうまく焼けません…

↓

ひき肉料理は 肉汁 のコントロールが決め手！

口あたりふっくら、肉汁がジュワッと広がる…。

そんな仕上がりが、ひき肉料理の目標。

そのためには、ひき肉の持つ水分を、上手にキープすることが大切です。

肉だねの作り方はもちろんのこと、

成形の仕方や、焼き方にも、工夫できるポイントはたくさんあります。

今までなにげなくやっていたことが、もしかしたら肉汁を逃がしていたのかも！

ロールキャベツの巻き方だって、実はそんなに難しくないのです。

塩で
保水性アップ！

ハンバーグの肉だねには、
まず塩を混ぜましょう。
塩がひき肉の水分をキープして、
ジューシーな焼き上がりに。
➡ P.62 ハンバーグ

二重包みで
肉汁を閉じ込める

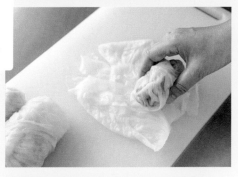

ロールキャベツは、
破れてしまった葉でもOK。
二重に包めばいいんです！
肉汁も逃げず、一石二鳥。
➡ P.64 ロールキャベツ

仕上げの油で
カリッと！

最初に蒸し焼きでふんわり、
最後にごま油をまわしかけて、
皮をカリッと焼き上げます。
➡ P.68 ギョウザ

ハンバーグ

目指せ、ふっくらジューシー！
玉ねぎは生のまま入れて、シャキッと感を楽しみます。

材料（2人分）

合いびき肉……300g
塩……小さじ½
A ┌ 玉ねぎのみじん切り……¼個分
　├ パン粉……大さじ4
　├ 牛乳……大さじ2
　├ 卵……1個
　└ こしょう、ナツメグ……各少々
油……大さじ1
ソース
　┌ トマトケチャップ……大さじ4
　├ 酒……大さじ1
　└ しょうゆ……小さじ2
つけ合わせ
　│ ブロッコリー……½個

1 ブロッコリーは小房に分ける。Aのパン粉を牛乳でしめらせる。

2 ボウルに冷蔵庫から出したてのひき肉を入れ、塩を加えて練り混ぜる。1のパン粉とAの残りの材料を加え、全体にむらがなくなる程度に混ぜる。

3 手のひらに油少々(分量外)をつけ、肉だねを2等分して軽くまとめる。両手でキャッチボールをするようにして空気を抜き、平たい楕円形にまとめる。

4 フライパンに油を中火で熱し、3を並べ入れ、2分ほど焼く。上下を返してさらに2分ほど焼き、あいているところにブロッコリーを入れる。水大さじ1を加えてふたをし、弱めの中火にして5〜6分、蒸し焼きにして器に盛る。

5 4のフライパンにソースの材料を入れて弱めの中火にかけ、混ぜながら軽く煮詰め、ハンバーグにかける。

両手で数回キャッチボールをするようにしてしっかりと空気を抜きます。肉だねがよくまとまり、焼いている途中の割れ防止に。肉汁も逃しません。

これがツボ！

ハンバーグの肉だねは、最初に塩を入れる

ひき肉に塩を練り混ぜると、保水性がアップし、ジューシーな焼き上がりになります。他の具材を入れる前に、まずは塩をひき肉に加え、しっかり練り込みましょう。

ロールキャベツ

煮汁にトマトと昆布を入れるとうまみが倍増！
キャベツも二枚重ねにしているので甘みがしっかり感じられます。

材料（2人分）

キャベツの葉……約8枚
　※小さければ2〜3枚で1枚分とする
豚ひき肉……200g
A ┌ 玉ねぎのみじん切り……¼個分
　　├ 卵……1個
　　├ パン粉……大さじ3
　　└ 塩……小さじ¼
トマト……1個
ベーコン……2枚
昆布（5cm）……2枚
煮汁
　┌ 水……2カップ
　├ 酒……大さじ2
　├ 塩……小さじ½
　└ こしょう……少々

1 鍋に湯を沸かし、キャベツを入れ、しんなりしたらざるに上げ、粗熱を取る。芯の厚い部分は薄くそいでみじん切りにする。トマトはざく切りにする。ベーコンは幅2cmに切る。

2 ボウルに冷蔵庫から出したてのひき肉、みじん切りにしたキャベツの芯、**A**を入れてよく練り混ぜる。4等分にして軽くまとめる。

3 小さめのキャベツ1枚に肉だね1個をのせ、左右を折り込み、手前から巻く。大きめのキャベツを広げ（大きさが足りなければ2〜3枚重ねて並べて）巻いた肉だねをのせて、同様に包む。残りも同様に包む。

4 直径20cmのフライパンに**3**の巻き終わりを下にして並べる。トマト、ベーコン、昆布も入れ、煮汁の材料を加えて落としぶたをし、中火にかける。煮立ったらさらにふたをして弱火にし、30分ほど煮る。味をみて、足りなければ塩少々（分量外）で味をととのえる。

ロールキャベツの間にトマトやベーコンを詰めると、煮くずれしにくくなります。キャベツの切れ端があればそれも詰めて。

これがツボ！

二重包みで
誰でも失敗ナシ！

キャベツを1枚ずつ破らずにはがすのはかなりの難題。まず小さめの葉で包み、さらに大きめの葉か、2〜3枚を少しずつ重ねた大きな面で二重に包めば、形がしっかりととのいます。

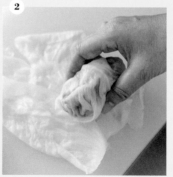

肉だんごの甘酢あん

やわらかな肉だんごを存分に味わいたいから、
あえて野菜は加えずに仕上げました。

材料（2人分）
豚ひき肉……200g
木綿豆腐……⅓丁(100g)
A ｜ 長ねぎのみじん切り……¼本分
　　｜ 塩……小さじ¼
油……大さじ2
甘酢あん
　｜ 水……½カップ
　｜ 砂糖、酢、しょうゆ……各大さじ1
　｜ 片栗粉……大さじ½

1 甘酢あんの材料は混ぜておく。ボウルに冷蔵庫から出したての
ひき肉、豆腐、**A**を入れ、白っぽくなって粘りが出るまでよく練り
混ぜる。10等分にして丸める。

2 フライパンに油を弱めの中火で熱し、**1**を並べ入れる。焼き色
がついたら、転がしながら全体を4分ほど焼いて、いったん取り
出す。

3 **2**のフライパンの油を拭き取り、甘酢あんをもう一度混ぜて入
れ、弱めの中火で混ぜながら煮る。とろみがついたら**2**を戻し
入れ、あんをからめる。

これがツボ！

肉だんごは、肉だねに豆腐を入れる

ひき肉に豆腐を加えると、肉が豆腐の水分を吸ってふんわりやわら
かに！　やさしい味わいになって、あんにもよく合います。豆腐は水き
りなしでOKです。

ピーマンの肉詰め

肉と一体になったピーマンのおいしさは別格！
甘辛味で煮からめるので、ごはんも進みます。

材料（2人分）

ピーマン……4個

豚ひき肉……150g

A 玉ねぎのみじん切り……⅛個分

水……大さじ1

砂糖……小さじ½

塩……小さじ⅓

こしょう……少々

片栗粉……適量

油……小さじ2

B しょうゆ、みりん、酒……各大さじ1

砂糖……小さじ1

1 ボウルに冷蔵庫から出したてのひき肉、**A**を入れてよく練り混ぜる。**B**は混ぜておく。

2 ピーマンは縦半分に切って（ヘタ、種は取らなくてよい）バットに並べ、内側に茶こしで片栗粉を薄くふる。肉だねをこんもりとなるように等分に詰め、肉の面にも茶こしで片栗粉を薄くふる。

3 フライパンに油を弱めの中火で熱し、**2**の肉の面を下にして並べる。2分ほど焼いたら、水大さじ3を加え、ふたをして4分ほど、水けがほぼなくなるまで蒸し焼きにする。

4 **B**を加え、フライパンをゆすりながら、軽くとろみがつくまで煮る。

これがツボ！ ## ピーマンの肉詰めは、片面焼きで

肉詰めは凸凹していて全体を焼くのは難しいし、動かすと肉がはがれやすくなります。肉の面さえ焼けば香ばしくなるので、あとは蒸し焼きでしっかり火を通し、ピーマンの甘みを引き出します。

ギョウザ

ビールのおともはやっぱりコレ！
永久保存版のシンプルレシピです。

材料（2人分）

豚ひき肉……100g
キャベツ……2枚（約100g）
にら……¼束（約25g）
しょうがのすりおろし……½かけ分
ギョウザの皮……12枚
A │ 水……大さじ1
　　│ 塩……小さじ⅓
B │ 酒、ごま油……各大さじ1
　　│ 塩……小さじ¼
ごま油……大さじ1
しょうゆ、酢、ラー油……各適量

1 キャベツはみじん切りにする。にらは幅1cmに切る。合わせてボウルに入れ、**A**を混ぜてから加えてもみ、10分ほどおき、出てきた水けをしっかりとしぼる。

2 別のボウルに冷蔵庫から出したてのひき肉と**B**を入れ、よく練り混ぜる。しょうがと**1**を加えてさらに混ぜる。

3 ギョウザの皮1枚を広げ、肉だねの¹⁄₁₂量をのせる。縁に水をつけ、ひだを寄せながら包む。これを12個作る。

4 フライパンに**3**を並べ入れ、水½カップをまわし入れる。強火にかけ、煮立ったら弱めの中火にし、ふたをして4分ほど蒸し焼きにする。

5 ふたをはずして中火にし、水けがなくなったらごま油をまわし入れ、フライパンをゆすりながらさらに1分30秒ほど焼く。器に盛り、しょうゆ、酢、ラー油を添える。

ギョウザを並べたらすぐに水を注ぎ入れます。仕上げでしっかり焼き色がつくので、最初に焼きつける必要はありません。

> これがツボ！

仕上げのごま油で
カリッとさせる

蒸し焼きは全体にやわらかく火を通すため。そのあと水分を飛ばしてからごま油を入れると、フライパンの温度が上がっておいしい焼き目がつき、皮がカリッと焼けます。

Q. 蒸し料理を あきらめては いませんか？

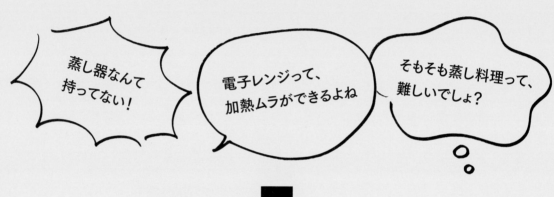

蒸し器なんて持ってない！

電子レンジって、加熱ムラができるよね

そもそも蒸し料理って、難しいでしょ？

蒸しものは、

蒸し器なし でも作れる

「蒸す」というのは、水蒸気で加熱する調理法です。

水蒸気が素材にうまく当たるようにすればいいので、

蒸し器を持っていなくても、

ふたつきのフライパンがあれば、たいていの蒸しものは作れます。

電子レンジだって、ちょっとした使い方のコツを知れば、強い味方に。

蒸しものを制すれば、得意料理のレパートリーが

かな〜り広がること、間違いありません。

蒸気＋余熱で やさしい口あたりに

蒸気のやさしい熱と余熱で
ふるふるの茶碗蒸しも、
意外に簡単。

▶ P.72 **大鉢茶碗蒸し**

キャベツを敷けば 蒸し器になる！

フライパンに
キャベツを敷いて蒸せば、
素材にほどよく
蒸気が当たります。

▶ P.74 **シュウマイ**

野菜の水分を 蒸気に変えて

レンジ蒸しなら、
野菜ではさめば
肉も魚もしっとり。

▶ P.75 **レンジ蒸し鶏**

大鉢茶碗蒸し

具だくさんの大鉢蒸しは、食べごたえもバッチリ。
うまみたっぷりの具を選べば、だし汁もなしでOKです。

材料（2人分）

木綿豆腐……½丁(150g)
鶏ひき肉……80g
しいたけ……2個
ごま油……大さじ1
A 酒……大さじ½
　　しょうゆ……小さじ1
　　こしょう……少々

卵液
　溶き卵……1個分
　水……大さじ5
　酒……大さじ½
　塩……小さじ½
万能ねぎの小口切り……1本分

1 豆腐は手で大きくくずして耐熱の器に入れる。しいたけは石づきを切り落とし、みじん切りにする。

2 フライパンにごま油を中火で熱し、ひき肉、しいたけを炒める。ひき肉の色が変わったら**A**を加えて混ぜ、**1**の器に加える。

3 卵液の材料を混ぜ、ざるでこしながら**2**の器に加える。

4 フライパンにオーブンシートを敷き、**3**をのせる。器の高さの⅓くらいまで熱湯を入れ、ふたをずらしてのせ、弱めの中火で7分ほど蒸す。火を止め、ふたをして15分ほど蒸らす。万能ねぎを散らす。

これがツボ！

余熱を使って ふるふるに

火を通しすぎると「す」が入る原因に。「す」が入ってしまうとかたく、口あたりが悪くなります。7分ほど蒸したら火を止めて、蒸気を逃さないようにふたをしたまま蒸らし、余熱を利用して仕上げます。

シュウマイ

シンプルなシュウマイは、飽きずに何個でも食べられそう。
玉ねぎに片栗粉をまぶすと肉だねとよくなじみます。

材料（2人分）

豚ひき肉……200g
玉ねぎ……½個
シュウマイの皮……12枚
キャベツ……4枚
片栗粉……大さじ1
A｜しょうがのすりおろし……½かけ分
　｜酒、ごま油……各小さじ1
　｜塩、砂糖……各小さじ½
しょうゆ、練り辛子……各適量

1 玉ねぎはみじん切りにして、片栗粉をまぶす。キャベツは大きくちぎる。

2 ボウルに冷蔵庫から出したてのひき肉、Aを入れて粘りが出るまで練り混ぜ、1の玉ねぎを加えて混ぜる。

3 手にシュウマイの皮1枚をのせ、2の½量を真ん中にのせ、包む。これを12個作る。

4 フライパンにキャベツを敷き、3を並べる。水½カップを注ぎ、ふたをして強火にかける。沸騰したら弱めの中火にし、6分ほど蒸す。キャベツとともに器に盛り、しょうゆ、練り辛子を添える。

これがツボ！

キャベツを敷けば、蒸し器代わりになる

フライパンにキャベツを敷き、シュウマイを並べ、水を注いで火にかけます。シュウマイに直接水が当たらないので、ふっくらと蒸すことができます。やわらかくなったキャベツもぜひ一緒に食べてください。

レンジ蒸し鶏

下味をしっかりもみ込むことが、しっとりふっくらのポイント。コクのあるごまだれがよく合います。

材料(2人分)

鶏胸肉……大1枚(約300g)

白菜……4枚(約400g)

A 酒……大さじ2
　　砂糖……小さじ1
　　塩……小さじ½

油……大さじ1

ごまだれ
　白練りごま……大さじ2
　砂糖、酢……各小さじ2
　しょうゆ……小さじ1

白すりごま……少々

万能ねぎの小口切り……大さじ2

1 白菜は長さ5cm、幅1cmに切り、葉と芯を分ける。鶏肉はフォークで数カ所刺して穴をあけ、4～5等分のそぎ切りにして**A**をもみ込む。

2 耐熱ボウルに白菜の芯、鶏肉、葉の順に重ね、油をまわしかける。ふんわりとラップをかけて、電子レンジで8分ほど加熱し、取り出してそのまま20分ほど蒸らす。粗熱が取れたら鶏肉をほぐし、汁けをきった白菜とともに器に盛る。

3 ごまだれの材料を混ぜ、**2**の蒸し汁大さじ2を加えて混ぜる。**2**にかけ、白すりごまをふり、万能ねぎをのせる。

これがツボ!

野菜の水分でしっとり仕上げ

電子レンジでもしっとりと仕上げるコツは、野菜ではさむようにして加熱すること。野菜の水分でむらなく火が通ります。蒸しながら冷まして、よりしっとりとした仕上がりに。

75

Q. 揚げものは難しい！と、あきらめていませんか？

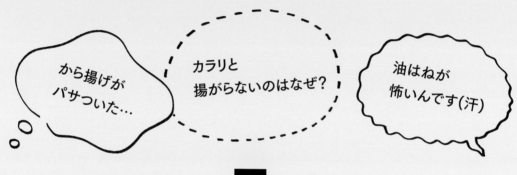

から揚げがパサついた…

カラリと揚がらないのはなぜ？

油はねが怖いんです(汗)

揚げものは
油の量や温度より

下ごしらえ

熱した油の中で素材やころもの水分を引き出しながら
加熱する調理が揚げものです。
素材がパサつくのは、水分が抜けすぎるから、
油がはねるのは、余分な水分が一気に揚げ油に移るからです。
揚げる前に素材に合った下ごしらえをしておけば、
パサつきや油はねもなく、意外に簡単な調理法なんです。
油の量は、深さ2cmもあれば充分です!

きっちり巻いて
きっちりとめる

油はねの原因となる水分を
皮できっちりと抑え込む。
これで、油はねの心配なし。
➡ P.80 れんこんとハム、
　　　チーズの春巻き

揚げる前に
水分を含ませておく

水分の蒸発を見越して
先に鶏肉に水分補給。
これでパサつきなし。
➡ P.78 鶏のから揚げ

ころもにマヨネーズ。
これで揚げ上がり、
カラリ!

かき揚げのころもには、
マヨネーズを。
時間がたっても
カリッと感が残ります。
➡ P.86 みつばと桜えびのかき揚げ

鶏のから揚げ

外はカリッ、肉はジューシーな仕上がりが目標。
水分を上手にコントロールすることが大切です。

材料(2人分)

鶏ももから揚げ用肉……300g
下味
　しょうがのすりおろし……小さじ½
　にんにくのすりおろし……小さじ½
　酒……大さじ1
　しょうゆ……大さじ½
　塩……小さじ¼
小麦粉……大さじ2
片栗粉……大さじ2
揚げ油……適量
レモンのくし形切り……2切れ

1 鶏肉は冷蔵庫から出して10分ほどおいて常温にもどす。下味の材料とともにボウルに入れ、汁けがなくなるまでもみ、5分ほどおく。水大さじ1を加えて汁けがなくなるまでもむ。

2 小麦粉、片栗粉を順に加え、そのつどよく混ぜる。

3 フライパンに揚げ油を深さ2cmほど入れて中温(約170℃)に熱し、**2**を入れる。さわらずに2分ほど揚げたら、上下を返しながら2〜3分揚げる。器に盛り、レモンを添える。

下ごしらえ

揚げ油に、菜箸の先をつけ、細かい泡がシュワッと出たら中温(約170℃)の目安。温度が低ければ泡が少なく、高ければたくさん泡が出ます。

これがツボ!

下味のあとに、水をもみ込む

下味をもみ込んだあと、水を加えてさらにもみます。肉から出る水分を補っておくことで、ジューシーな揚げ上がりに。ころもには、水分を閉じ込める小麦粉、カリッとさせる片栗粉の2段階で混ぜ込みます。

れんこんとハム、チーズの春巻き

ハムとチーズの塩けで、何もつけなくてもおいしい。
カリカリの揚げ上がりに食べる手が止まりません!

揚げものは油の量や温度より

不ジしらん

材料(2人分)

春巻きの皮……6枚
れんこん……⅔節(約100g)
ハム……6枚
ピザ用チーズ……40g
水溶き小麦粉
│ 小麦粉……大さじ2
│ 水……小さじ4
揚げ油……適量

1 春巻きの皮は常温にもどす。れんこんは長さ4〜5cm、幅5mmの棒状に切る。水溶き小麦粉は混ぜておく。

2 春巻きの皮を角を手前にして広げ、ハム、れんこん、チーズのそれぞれ⅙量を順にのせる。手前、左右を折り込んでくるくると巻き、巻き終わりに水溶き小麦粉を塗ってとじる。これを6本作る。

3 フライパンに揚げ油を深さ2cmほど入れて中温(約170℃・P.79参照)に熱し、**2**を入れる。さわらずに1〜2分揚げ、上下を返しながらさらに1分ほど揚げる。

均一に揚げ色がつくように、返しながら揚げます。色づき始めると一気に色が濃くなるので早めに取り出すのがコツ。

これがツボ!

きっちり巻いて、油はねを予防

春巻きを揚げるときにはねるのは、中の具の水分が出てきてしまうのが原因。具を巻くときに、空気を抜くようにきっちりと巻いて、巻き終わりは水溶き小麦粉をしっかりと塗ってとじるのが大切です。

あじの南蛮漬け

酸味が効いてさっぱり食べられます。
ちょっと長めに揚げると、カリッと感が長持ち。

材料（2人分）
あじ（3枚おろし）……2尾分（約200g）
玉ねぎ……½個
パプリカ（黄）……¼個
南蛮酢
　赤唐辛子の小口切り……小さじ½
　酢……大さじ4
　しょうゆ……大さじ1
　砂糖……小さじ1
A｜酒……小さじ2
　｜塩……小さじ¼
　｜こしょう……少々
小麦粉、揚げ油……各適量

1 ボウルに南蛮酢の材料を混ぜておく。玉ねぎは縦に薄切りにし、パプリカは縦に幅5〜6mmの細切りにして南蛮酢に加えて混ぜる。

2 あじは1切れを3〜4等分に切って**A**をからめる。小麦粉を薄くまぶし、余分な粉をはたく。

3 フライパンに揚げ油を深さ2cmほど入れて中温（約170℃・P.79参照）に熱し、**2**を皮目から入れる。さわらずに2分ほど揚げたら、上下を返しながら1〜2分揚げる。熱いうちに**1**のボウルに加えて南蛮酢をからめる。

これがツボ！

揚げたてを漬けて、味をなじませる

あじを揚げたら油をきり、熱いうちに南蛮酢に漬け込みます。冷めてからでは味が入りにくくなるからです。すぐ食べられますが、翌日、味がよりなじんでからもおすすめです。

フライドポテト

じゃがいもとさつまいものミックスフライ。
塩水につければカリッと揚がり、ほどよい塩けもつきます。

材料(2人分)

じゃがいも……2個(約300g)
さつまいも……1本(約200g)

A │ 水……3カップ
  │ 塩……大さじ1

揚げ油……適量

1 じゃがいもは皮つきのまま幅2cmのくし形切りにする。さつまいもは皮つきのまま乱切りにする。混ぜた**A**につけて10分ほどおき、水けをよく拭く。

2 フライパンに揚げ油を深さ2cmほど入れ、**1**を入れて中火にかける。2〜3分たってシュワシュワと泡が出てきたら、弱めの中火にし、菜箸でときどき混ぜながら7〜8分揚げる。

> これがツボ！

冷たい油から揚げて、甘みをアップ

いも類のデンプンは時間をかけて加熱することで甘みが増します。
冷たい油に入れてから火にかけて、ゆっくり温度を上げ、色づくまで
揚げます。これで失敗なし。

とんカツ

サクッとしたころもが、とんカツのおいしさのポイント。
途中ではがれないころものつけ方を覚えましょう。

材料(2人分)

豚ロースとんカツ用肉……2枚(約240g)
塩、こしょう……各少々
小麦粉、パン粉、揚げ油……各適量
A ┃ 溶き卵……½個分
　 ┃ 水……大さじ½
つけ合わせ
　 ┃ キャベツのせん切り……2枚分
ソース……適量

1 豚肉は冷蔵庫から出して15分ほどおいて常温にもどし、脂身と赤身の間に包丁の先を直角に刺して筋切りをする。裏面も同様に筋切りをして両面に塩、こしょうをふり、小麦粉を薄くまぶす。

2 **A**を混ぜて**1**にからめ、パン粉をまぶし、軽く押さえてなじませる。

3 フライパンに揚げ油を深さ2cmほど入れ、中温(約170℃・P.79参照)に熱し、**2**を入れる。さわらずに2分ほど揚げたら上下を返し、さらに4分ほど揚げる。食べやすく切ってキャベツとともに器に盛り、ソースを添える。

豚肉を2枚入れたときに、しっかり油に浸る状態にするのがベスト。ころもがはがれないように、あまりさわらず、1度上下を返すだけでOKです。

これがツボ!

小麦粉はしっかりはたいて薄づきに

小麦粉をつけすぎると溶き卵をはじいてしまい、ころもが均一につかない原因に。小麦粉を全体にまぶしたら、手ではたいて余分な粉を落としてから溶き卵をからめます。

みつばと桜えびのかき揚げ

カリッ、サクッのヒミツはなんとマヨネーズ。
冷めても食感が長持ちします。

材料(2人分)

みつば……½束(約20g)
桜えび……大さじ2
玉ねぎ……¼個
小麦粉……大さじ1
ころも
| 小麦粉……大さじ5
| 冷水……大さじ4
| マヨネーズ……大さじ1
揚げ油……適量

1 みつばは長さ3cmに切る。玉ねぎは縦に薄切りにする。ボウルに桜えびとともに入れ、小麦粉をふって混ぜる。

2 ころもの材料をさっと混ぜ、1に加えてさっくりと混ぜる。

3 フライパンに揚げ油を深さ3cmほど入れ、中温(約170℃・P.79参照)に熱する。スプーンで2を4等分してすくい、すべらせるように入れ、菜箸で形をととのえる。かたまったら菜箸で4〜6カ所ほど穴をあけ、上下を返しながら1分30秒〜2分揚げる。

菜箸で4〜6カ所穴をあけると、熱い油の通り道ができて、短時間で揚げることができます。

これがツボ!

マヨネーズの
おかげでカリッ!

ころもには溶き卵の代わりにマヨネーズを加えることで、カリッとした揚げ上がりに。時間がたってもサクサクの食感が長持ちします。具にはあらかじめ小麦粉をまぶしておくと、バラバラになるのが防げます。

ツナカレーコロッケ

混ぜるだけの具を選べば、ラクチン。
高めの温度で一気に揚げて、ころもをサクサクに。

材料(2人分)

ツナ(缶詰)……小1缶(70g)
じゃがいも……2個(約300g)
玉ねぎ……¼個
バッター液
  小麦粉……大さじ3
  溶き卵……½個分
  水……大さじ2
A マヨネーズ……大さじ1
    カレー粉……小さじ1
    塩……小さじ½
    こしょう……少々
パン粉、揚げ油……各適量

1 じゃがいもは皮をむいて4等分に切り、ふんわりとラップで包み、電子レンジで5〜6分加熱する。ボウルに入れ、フォークなどでつぶす。別のボウルにバッター液の材料を混ぜておく。

2 玉ねぎはみじん切りにし、ツナは軽く油をきって、それぞれじゃがいもに加える。さらに**A**を加えて混ぜる。

3 **2**を8等分して丸め、バッター液をからめ、パン粉をまぶして軽く押さえる。

4 フライパンに揚げ油を深さ3cmほど入れて、高温(約190℃)に熱し、**3**を入れる。さわらずに2分ほど揚げたら、転がしながら2分ほど揚げる。

揚げ油の温度は、パン粉でもチェックできます。油にひとつまみ落とし、沈まずにすぐに散るくらいが高温(約190℃)の目安です。

これがツボ!

バッター液をからめれば破裂しにくい

ころもがまんべんなくついていないと、そこから具材が流れ出て破裂の原因になりますが、バッター液は小麦粉、溶き卵、水が混ざっているので、全体にからみやすく、ころもを均一にでき、破裂が防げるのです。

Q. 食材のゆで方で差がつくって、知ってました？

水にとるの？
とらないの？

豚しゃぶが
パサパサに！

大根がグズグズに
なっちゃった

素材ごとの適した**温度**や**冷まし方**がある

簡単なようでいて意外に難しいのが、「ゆでる」という調理法。

熱した湯で火を通す、単純な作業ですが、

ゆで時間や温度、ゆでる前の下ごしらえ、ゆで上がり後の冷まし方など、

ちょっとしたことで、素材の風味や食感、色合いなどが大きく変わってきます。

特に野菜は、それぞれに適したゆで方を覚えておくと、

料理の仕上がりがグンとランクアップします。

大根は面取りをして くずれないように

ふろふき大根を作るときは
面倒でも「面取り」を。
これをしないと、
切り口の角からくずれてきます。
➡ P.93 **ふろふき大根**

ブロッコリーは 水にとらない

ブロッコリーは、
水っぽくならないように
必ずざるに上げ、
手早く冷まします。
➡ P.95 **ブロッコリーと
アボカドのサラダ**

豚しゃぶは 低温でゆでる

豚しゃぶは脂や水分が
抜けすぎないように
低温の湯でゆでるのがコツ。
➡ P.96 **豚しゃぶサラダ**

ポテトサラダ

下味は熱いうちに、味つけは冷めてから。
これでグッとおいしいポテサラに。

材料(2人分)

じゃがいも……小2個(約240g)

玉ねぎ……1/4個

きゅうり……1/2本

ハム……1枚

A | オリーブオイル……小さじ1
  | 酢……小さじ½

B | 水……大さじ1
  | 塩……小さじ¼

マヨネーズ……大さじ2〜3

塩……適量

こしょう……少々

1 じゃがいもは皮をむいて2cm角に切り、水にさっとさらし、水け
をきる。フライパンに入れ、ひたひたの水を注ぎ、ふたをして強
火にかける。沸騰したら中火にし、10分ほど、竹串がすっと通る
までゆでる。ゆで汁を捨て、塩小さじ¼をふり、ふたをして弱火
にする。鍋をゆすりながら水けを飛ばし、木べらなどで粗くつぶ
し、Aを加えて混ぜ、ボウルに移して冷ます。

2 玉ねぎは縦に薄切りにする。きゅうりは幅2mmの小口切りにす
る。合わせて別のボウルに入れ、混ぜたBをふってからめる。10
分ほどおき、出てきた水けをしぼる。ハムは幅1cmに切る。

3 1に2、マヨネーズを加えて混ぜ、塩少々、こしょうで味をととのえ
る。

これがツボ！

熱いうちに下味をつける

じゃがいもをゆでてしっかり水分を飛ばしたら、ざっとつぶしてすぐに
オリーブオイルと酢を混ぜます。熱いうちに加えるとしっかりと下味が
ついて、マヨネーズのなじみもよくなります。

ふろふき大根

ほっこりと煮えた大根は冬のごちそう。
ゆっくり煮ると、煮汁がじんわりしみていきます。

材料（2人分）

大根……½本（約500g）
昆布（5cm）……2枚
A｜みりん……大さじ1
｜しょうゆ……小さじ½
甘みそだれ（P.196参照）……大さじ1〜2

1　大根は幅3cmの輪切りにして、5mmほどの厚さに皮をむく。切り口の一方に深さ2cmの十字の切り込みを入れ、ピーラーで面取りをする。

2　フライパンに昆布を置き、1をのせ、水4カップを入れて強火にかける。沸騰したら弱火にし、ふたをして50分ほど、竹串がすっと通るくらいまで煮る。Aを加えてふたをし、さらに10分ほど煮る。器に盛り、甘みそだれをかける。

これがツボ！

大根はていねいな下ごしらえを

大根は皮の内側が筋っぽいので、厚めにむきます。切り口の角をそぎ取る「面取り」をすれば、煮くずれもなし。ピーラーを使うと簡単です。切り口の片面に切り込みを入れると味もよくしみます。

春菊のナムル

ほろ苦い春菊と、香ばしいごまは好相性。
かたい茎も時間差でゆでて、食感を楽しんで。

材料(2人分)
春菊……1束(約200g)
あえごろも
　白すりごま、ごま油……各大さじ1
　しょうゆ……小さじ1
　塩、こしょう……各少々
白すりごま……少々

1 春菊は冷水に10分ほどつけてシャキッとさせる。葉を摘み、茎は長さ3cmの斜め切りにする。

2 フライパンにたっぷりの湯を強火で沸かし、**1**の茎を入れ、ひと呼吸おいてから葉を入れる。再び沸騰してから1分ほどゆで、冷水にとって冷まし、しっかりと水けをしぼる。

3 ボウルに**2**を入れ、あえごろもの材料を加えて混ぜる。器に盛り、すりごまをふる。

これがツボ！

茎と葉は、時間差でゆでる

春菊の葉と茎はかたさが違うので、まず茎を湯に入れ、ひと呼吸おいてから葉を入れます。冷水にとって冷ましたら、しっかりと水けをしぼれば、水っぽくなりません。

ブロッコリーと
アボカドのサラダ

塩を加えた湯でゆでて、下味をつければ、
マヨネーズの風味を生かせます。

材料(2人分)

ブロッコリー……1個(約300g)

アボカド……½個(約50g)

塩……適量

A　にんにくのすりおろし……½片分
　　マヨネーズ……大さじ2
　　粉チーズ……大さじ1

粗びき黒こしょう……少々

1　ブロッコリーは小房に分ける。茎は皮をむき、乱切りにする。鍋に水3カップを強火で沸かし、塩小さじ1を加える。ブロッコリーを入れ、再び沸騰したら1分ほどゆでてざるに上げ、そのまま冷ます。

2　アボカドは種をはずし、皮をむいて2cm角に切る。

3　ボウルにAを入れて混ぜ、1、2を加えてさっくりと混ぜる。塩少々で味をととのえ、器に盛り、黒こしょうをふる。

これがツボ!　## ブロッコリーは水にとらない

ブロッコリーはゆでたあと、水にとらないのが鉄則です。なぜなら小さなつぼみの中に水がたまり、水っぽくなってしまうから。ゆで上がったら手早くざるに上げて広げ、水けを飛ばしながら冷まします。

豚しゃぶサラダ

香りのよい野菜をたっぷり合わせてサラダ仕立てのおかずに。
さっぱりとした梅風味のドレッシングでめし上がれ。

材料(2人分)

豚バラしゃぶしゃぶ用肉……100g
レタス……3～4枚(約100g)
みょうが……1個
青じそ……3枚
しょうが(皮つき)の薄切り……1かけ分
長ねぎの青い部分……1本分

A │ 酒……大さじ1
　 │ 塩……小さじ½

ドレッシング
│ 梅干し(果肉をたたく)……½個分(約5g)
│ めんつゆ(3倍濃縮)……大さじ1
│ ごま油……大さじ1
│ 酢……小さじ1

1 レタスは食べやすくちぎり、冷水につけてシャキッとさせ、水けをしっかりきる。みょうがは縦半分に切ってから縦にごく薄切りにし、水にさっとさらして水けをきる。青じそはちぎる。豚肉は長さ5cmに切る。ドレッシングの材料を混ぜておく。

2 フライパンに水2カップ、しょうが、長ねぎを入れて強火にかける。沸騰したらAと水1カップを加え、火を止める。豚肉を1枚ずつ入れ、色が変わったら、ざるに上げて冷ます。

3 レタス、みょうが、青じそ、豚肉をざっと混ぜて器に盛り、ドレッシングをかける。

ゆで上がったら手早くざるに上げて広げ、余熱が入りすぎないように冷まします。

これがツボ!

豚しゃぶは
低温でしっとりと

豚しゃぶは沸騰した湯でゆでると、脂や水分が抜けすぎてパサつく原因に。湯が沸騰したら水を加えて80℃ほどに温度を下げて火を止め、1枚ずつ入れて色が変わる程度で引き上げるとしっとりゆで上がります。

Q. 魚をおろせないとだめですか?

一尾魚なんておろせません!

生臭いのはちょっとね…

さんまだけはおいしく焼きたい

魚は 切り身 で充分。
臭み取り はしっかりと

毎日のごはん作りなら、魚は切り身で充分。

食べやすいように目立つ骨を除けば、すぐ調理できます。

魚料理がいまひとつおいしくできないと感じるのは、

臭み取りができていないからかも。

表面のぬめりや余分な水分を除いて臭み取りを。

あとは、いかやあさりの簡単な下処理ができれば、

いつの間にか、魚介料理が得意と言えるようになるはずです。

さばは腹骨を そぎ取る

さばはまず、
目立つ骨だけ除けば
食べやすくなります。

● P.102 さばのハーブ焼き

塩と熱湯で 臭み取り

塩をふって臭みを引き出し、
熱湯で洗い流します。
魚特有の臭みが取れて
おいしくなります。

● P.100 ぶり大根

さんまは 冷水で丸洗い

さんまは冷水で
丸洗いすれば
表面のうろこや
ぬめりが除けます。

● P.103 さんまの塩焼き

ぶり大根

ぶりはクセの強い魚ですが、臭みをしっかり取れば、うまみが引き立ちます。
じんわりと味のしみたやわらかな大根も絶品。

材料(3〜4人分)

ぶり……4切れ(約400g)

大根……¾本(約750g)

長ねぎ……5cm

しょうが(皮つき)の薄切り……2かけ分

塩……大さじ1

A | 酒……½カップ
　 | しょうゆ、砂糖……各大さじ4
　 | みりん……大さじ2

1 ぶりは1切れを2〜3等分に切って塩をまぶし、10分ほどおく。ざるにのせて熱湯をかけ、流水で表面を洗う。大根は幅3cmに切って厚めに皮をむき、半月切りにする。長ねぎは縦に切り込みを入れて芯を除き、せん切りにして水にさらす。

2 フライパンに大根を入れ、水5カップを加えて強火にかけ、煮立ったら弱めの中火にして、20分ほどゆでる。

3 ぶり、しょうが、**A**を加え、煮立ったら落としぶたをして20分ほど、汁けが半分くらいになるまで煮る。器に盛り、長ねぎの水けをきってのせる。

魚は **切り身** で充分。**臭み取り** はしっかりと

これがツボ!

ぶりの臭みは 塩&熱湯で取る

ぶりは塩をまぶして20分ほどおいてから、熱湯をまわしかけます。塩と臭みを含んだ水分を流すと同時に、表面のたんぱく質をかためてうまみをキープ。最後によく流水でうろこや血などを洗います。

さばのハーブ焼き

いつもとはひと味違う、洋風アレンジ。
香りよいハーブで青背の魚のクセを抑えます。

材料(2人分)

塩さば……2切れ(約200g)
にんにくの薄切り……1片分
ドライオレガノ……小さじ1
オリーブオイル……適量
つけ合わせ
　ズッキーニ……½本
　パプリカ(赤)……½個

1 さばは腹骨をそぎ切って除き、太い骨を抜く。1切れを半分に切り、オリーブオイル大さじ2、にんにく、オレガノをまぶして30分ほどおく。

2 ズッキーニは幅1cmの輪切りにする。パプリカは乱切りにする。フライパンにオリーブオイル大さじ1を中火で熱し、ズッキーニとパプリカを焼きつけるように2〜3分炒め、取り出す。

3 2のフライパンに1のさばを皮目を下にして並べ、2分ほど焼く。上下を返して2分ほど焼き、2とともに器に盛る。

これがツボ! ▶ ## 腹骨をそいだら、調理スタート

腹骨は口に当たるので、調理前に取り除いておきましょう。包丁を寝かせて薄くそぐように切って除けばOKです。あとは目立つ太い骨を抜くだけで下ごしらえは終了です。

魚は**切り身**で充分。**臭み取り**はしっかりと

さんまの塩焼き

フライパンでも手軽に、おいしく焼くことができます。
内臓が流れ出ないように半分に切り分けましょう。

材料(2人分)

さんま……2尾
塩……小さじ½
油……小さじ1
大根おろし……適量
すだちのくし形切り……2切れ

1 ボウルに冷水を入れ、さんまを洗う。水けを拭き、内臓が流れ出ないよう、切り口が肛門より尾側に来るように斜め半分に切る。

2 バットに並べ、両面に塩をまんべんなくふり、15分ほどおいて、水けを拭く。

3 フライパンに油を弱めの中火で熱し、さんまを並べ、3分ほど焼く。途中、脂が出てきたらペーパータオルで拭く。上下を返し、さらに2〜3分焼く。器に盛り、大根おろし、すだちを添える。

これがツボ! ## 冷水で洗ってうろこも臭みもなし

さんまはまず冷水で洗い、うろこや汚れを除きます。水けを拭いて塩をふり、出てきた水けを拭き取れば、臭みも取れて、準備OK。焼いている途中で出てきた脂を拭くのも、臭みを残さないポイントです。

いかのバターじょうゆ炒め

しょうゆ味に、バターのコクと香りがたまらない！
青じそがすっきりとしたアクセントに。

魚は**切り身**で充分。**臭み取り**はしっかりと

材料（2人分）
するめいか……2はい
エリンギ……1パック（約100g）
しいたけ……4個
青じそ……2枚
にんにくのみじん切り……1片分
油……大さじ1
バター……10g
しょうゆ……小さじ2

1 いかは胴から内臓をはがして引き抜き、軟骨をはずし、えんぺらをはがす。足は目の下で内臓を切り離して除き、くちばしを押し出して取り、吸盤をしごき取る。それぞれ水洗いして、水けを拭く。胴は幅1cmの輪切りに、足は2〜3本ずつに切り分ける。えんぺらは幅1cmの斜め切りにする。

2 エリンギは長さ3cmに切り、縦に幅5mmの薄切りにする。しいたけは石づきを切り落とし、幅5mmの薄切りにする。

3 フライパンに油を強火で熱し、エリンギとしいたけを2分ほど炒める。いかを加えてさらに炒め、いかの色が変わったらにんにく、バターを加えて混ぜる。しょうゆをまわしかけてさっと混ぜ、器に盛り、青じそをちぎってちらす。

これがツボ！

いかをさばくのは意外に簡単！

内臓を引き出すときは、胴の中に指を入れ、内臓を破らないようにていねいにはがしながら、引き抜きます。えんぺらは胴の先端をつまんで引くようにするときれいにはがせます。

鮭のムニエル

小麦粉をまぶして焼けば、まわりはカリッ、中はふんわり。
仕上げのバターで風味をアップ。

材料(2人分)

生鮭……2切れ
塩……小さじ¼
こしょう……少々
小麦粉……適量
オリーブオイル……適量
バター……10g
つけ合わせ
　┌ グリーンアスパラガス……2本
　└ まいたけ……½パック

1 鮭の両面に塩をふって10分ほどおき、出てきた水けをペーパータオルで拭く。こしょうをふって小麦粉をまぶし、余分な粉をはたく。アスパラガスは根元のかたい部分の皮をピーラーでむいて、斜め半分に切る。まいたけは食べやすくほぐす。

2 フライパンにオリーブオイル大さじ1を中火で熱し、アスパラガス、まいたけを焼きつけるように2分ほど炒めて取り出す。

3 オリーブオイル大さじ1を足し、鮭を並べ入れ、皮をフライパンの側面に押しつけるようにしながら1分ほど焼く。皮がこんがりしたら身を1分ほど焼き、弱火にして上下を返し、さらに2分ほど焼く。油をペーパータオルで拭き、バターを加えて全体にからめる。**2**とともに器に盛る。

これがツボ! ## 皮はパリッと焼いて香ばしく

鮭は皮にも臭みがあるので、フライパンに押しつけるようにしながらじっくりと焼きます。香ばしさが加わり、皮もおいしく! フライパンの側面を利用したり、トングで立てるようにして焼いて。

あさりの白ワイン蒸し

あさりの塩けだけで、充分おいしい。
ふっくらと仕上げたいから、加熱しすぎはNGです。

材料(2人分)
あさり(殻つき)……250g
プチトマト……8個
にんにくの薄切り……½片分
オリーブオイル……大さじ1
白ワイン……大さじ2

1 あさりは殻同士をこすり合わせて洗い、塩水につけて砂抜きをする(下記参照)。

2 フライパンにオリーブオイルを弱火で熱してにんにくを炒め、香りが立ったら、あさり、プチトマトを加えて中火にする。白ワインをふってふたをし、あさりの口が開くまで蒸す。

これがツボ!

あさりは3%濃度の塩水で砂抜き

あさりは調理前に必ず砂抜きをします。保存容器に3%ほどの濃度の塩水(水1カップにつき塩小さじ1の割合)とともに重ならないように入れ、ふたをずらしてのせ、冷蔵庫で1時間〜半日ほどおきます。

かきフライ

ひと口で、かきの濃厚なうまみがジュワ〜ッ。
寒い季節ならではのごちそうおかずです。

材料(2人分)
かき(加熱用)……10〜12個(約200g)
片栗粉……大さじ1
バッター液
　小麦粉……大さじ4
　溶き卵……1個分
　水……大さじ2
小麦粉、パン粉、揚げ油……各適量
つけ合わせ
　キャベツのせん切り……適量
レモンのくし形切り……2切れ

1 かきはボウルに入れて片栗粉をふり、汚れが出てくるまでもみ、水洗いする。水3カップに塩大さじ1(分量外)を溶かした塩水につけて5分ほどおき、水けを拭く。別のボウルにバッター液の材料を混ぜておく。

2 かきに小麦粉をまぶし、バッター液にくぐらせ、パン粉をまぶして軽く押さえる。

3 フライパンに揚げ油を深さ2cmほど入れて中温(約170℃・P.79参照)に熱し、2を入れる。さわらずに1分ほど揚げたら、上下を返しながら1分ほど揚げる。キャベツとともに器に盛り、レモンを添える。好みでソースなどをつける。

これがツボ！ **かきは塩水につけて、プリッと**

かきはしっかりと水洗いしたら、3%ほどの濃度の塩水(水3カップにつき塩大さじ1の割合で溶かす)に5分ほどつけてから調理します。臭みが取れると同時に、余分な水分が抜けてプリッとした食感に。

えびマヨ

ころもにもマヨネーズを加えると、カリッと揚がります。
ちょっと甘めのソースがえびとよく合います。

材料(2人分)

えび(殻つき)……10尾(約200g)
ブロッコリー……½個(約150g)
A | 片栗粉、水……各大さじ1
ころも
 | 小麦粉、水……各大さじ3
 | マヨネーズ……大さじ½
揚げ油……適量
マヨネーズソース
 | マヨネーズ……大さじ4
 | トマトケチャップ……大さじ2
 | 中濃ソース……小さじ1

1 えびは殻をむいて足を取り、竹串で背わたを取る。**A**をふってもみ、水洗いして水けを拭く。ブロッコリーは小房に分け、耐熱皿にのせ、ふんわりとラップをかけて電子レンジで2〜3分加熱する。ボウルにころもの材料を混ぜておく。

2 フライパンに揚げ油を深さ1cmほど入れて中温(約170℃・P.79参照)に熱し、えびにころもをからめて入れる。さわらずに1分ほど揚げたら、上下を返しながらさらに30秒ほど揚げる。

3 ボウルにマヨネーズソースの材料を入れて混ぜ、**2**とブロッコリーを加えてからめる。

これがツボ! ## えびは片栗粉で汚れを落とす

えびは、まず片栗粉と水をふってもみます。片栗粉に汚れが吸着して黒っぽくなってきたら、流水でしっかり洗い流します。臭みも取れて、えびの甘みが際立ちます。

Q. ホワイトソースって面倒ですか？

いつもダマになっちゃう…

一から作ると時間がかかるよね？

いろんな作り方があって迷ってます

具と一緒に
小麦粉を炒める
簡易版 でも
充分おいしい

ホワイトソースは、わざわざ別に作らなくてもいいんです。

具と小麦粉を一緒に炒め、牛乳でのばす方法でOK！

小麦粉が分散して牛乳に溶けやすく、ダマになりにくいし、

なにより簡単！

作り方は同じでも、水分量を変えるだけで

グラタン、シチューなど、クリーミーな洋食メニューが手軽に作れます。

小麦粉を具に
からめるように炒める

具に小麦粉が
からむようにすれば、
牛乳にも溶けやすく
なめらかなとろみに。
➡ P.112 **マカロニグラタン**

牛乳は
冷たいまま加える

小麦粉がすぐに
かたまらないから、
ダマにならずに
なじみます。
➡ P.112 **マカロニグラタン**

使うのは
フライパンひとつ

具もソースも
フライパンひとつでOK。
後片づけの手間も減らせます。
➡ P.112 **マカロニグラタン**

マカロニグラタン

マカロニはゆでずに直接フライパンへ！
オリーブオイルも使って軽めの仕上がりに。

材料(2人分)

マカロニ(ゆで時間9分)……100g

ベーコン……4枚(約60g)

ほうれん草……¼束(約50g)

玉ねぎ……¼個

マッシュルーム……4個

オリーブオイル……小さじ2

バター……20g

小麦粉……大さじ4

牛乳……2カップ

白ワイン……大さじ1

塩……小さじ⅓

こしょう……少々

ピザ用チーズ……40g

1 ほうれん草は長さ3〜4cmに切る。玉ねぎは縦に薄切りに、マッシュルームは幅5mmに切る。ベーコンは幅1.5cmに切る。

2 フライパンにオリーブオイルとバターを中火で熱し、ベーコン、玉ねぎ、マッシュルームを炒める。しんなりしたら小麦粉をふり入れてさらに炒める。粉っぽさがなくなったら、牛乳の半量を加えてなじませる。

3 残りの牛乳を加え、混ぜながら煮る。とろみがついたら白ワイン、水1½カップ、マカロニを加え、混ぜながら9分ほど煮る。ほうれん草を加えて混ぜ、塩、こしょうで味をととのえる。

4 耐熱容器に入れ、チーズをふり、オーブントースターで6分ほど、焼き色がつくまで焼く。

| これがツボ！ | **冷たい牛乳を2回に分けて投入** |

冷たい牛乳を2回に分けて加えます。牛乳を半量ずつ加えることで小麦粉が全体になじみやすくなります。また冷たい牛乳で温度を下げると小麦粉がすぐかたまらないので、ダマになりにくいのです。

チキンクリームシチュー

とろ～りなめらかな舌ざわりがうれしい。
バターは仕上げに加えて、香り豊かに。

材料（2人分）

鶏ももから揚げ用肉……150g

玉ねぎ……¼個

じゃがいも……小2個(約200g)

にんじん……½本

しめじ……1パック(約100g)

ローリエ……1枚

塩……適宜

酒……大さじ1

オリーブオイル……大さじ1

小麦粉……大さじ2

牛乳……1カップ

バター……10g

こしょう……少々

1 鶏肉は塩少々と酒をふってもみ込む。玉ねぎは6～8等分のくし形切りに、じゃがいもは皮をむいて2cm角に、にんじんは乱切りにする。しめじは石づきを切り落として食べやすくほぐす。

2 フライパンにオリーブオイルを中火で熱し、鶏肉、玉ねぎ、じゃがいも、にんじんを炒める。油がまわったら、小麦粉をふり入れてさらに炒める。粉っぽさがなくなったら、水½カップを加えてなじませる。

3 とろみがついたら牛乳、ローリエ、しめじを加えてふたをし、煮立ったらときどき混ぜながら5分ほど煮る。バターを加え、塩小さじ½、こしょうを加えて混ぜる。

Q. 煮ものや煮込み、手順を意識していますか?

味が
うまくしみない

グズグズに
くずれちゃった!

だしをとるのが
面倒で…

煮ものはやっぱり

さしすせそ

煮汁の中で加熱しながら、味をしみ込ませていくのが「煮もの」や「煮込み」です。

大切なのは、調味料を加える順番。

砂糖は先に入れないと甘みが入りにくいし、

しょうゆやみそを先に入れると、香りが飛んでしまいます。

いもやかぼちゃの煮くずれを防ぐには、煮汁の量も大事。

これを守れば、ふっくら、しみしみのおいしい煮ものができ上がります。

「さしすせそ」の順番で味を含ませる

煮ものの調味の基本は「さしすせそ」。甘みをつける砂糖を先に、塩、しょうゆなどは、あとから加えます。

➡ P.116 肉じゃが

少ない煮汁で煮くずれを防ぐ

煮くずれやすい野菜に、たっぷりの煮汁はNG。煮汁が多いと汁の中で具が踊ってしまい、煮くずれの原因に。

➡ P.122 かぼちゃの煮もの

うまみ素材をコトコト。スープもおいしい

うまみたっぷりの素材をじっくり煮込めば味つけはシンプルでもちゃんとおいしい。

➡ P.130 和風チキンポトフ

肉じゃが

やっぱり食べたい、作りたい煮もののナンバーワン。
味しみしみが目標です。

材料(2人分)
牛こま切れ肉……100g
じゃがいも……2個(約300g)
玉ねぎ……½個
しらたき……¼袋(約50g)
油……小さじ2
煮汁
|　水……1カップ
|　酒……大さじ3
|　砂糖……大さじ1
しょうゆ……大さじ2
みりん……大さじ2

1 じゃがいもは皮をむいてひと口大に切り、さっと水にさらし、水けをきる。玉ねぎは縦に幅5mmの薄切りにする。しらたきは食べやすく切り、さっとゆでて水けをきる。

2 フライパンに油を中火で熱し、じゃがいも、玉ねぎを炒める。油がまわったら牛肉、しらたきを加えて炒め、肉の色が変わってきたら煮汁の材料を順に加え、ふたをして、ときどき鍋をゆすりながら5分ほど煮る。

3 しょうゆを加えて全体を混ぜ、ふたをせずにさらに2分ほど煮る。煮汁が⅓量ほどになったらみりんを加えて、ひと煮立ちさせて火を止め、冷ます。

煮上がったら、火を止めていったん冷ますことで、味がよくしみます。食べるときに軽く温め直します。

これがツボ！

しょうゆは時間差で加えて
砂糖の甘みを生かす

調味料は、素材をやわらかくする効果の酒や、あとからでは味が入りにくい砂糖を先に加えます。香りを生かしたいしょうゆ、つやよく仕上げるみりんはあとで加えます。

筑前煮

鶏肉と、いろいろな根菜のうまみがひと皿に。
油で炒めてから煮るから、仕上がりにコクが出ます。

材料（2人分）
鶏ももから揚げ用肉……200g
干ししいたけ……4個
里いも……2個（約100g）
れんこん……⅔節（約100g）
にんじん……½本
ごぼう……15cm（約50g）
さやいんげん……4本
こんにゃく……½枚（約100g）
油……小さじ1
酒、砂糖、しょうゆ
　　……各大さじ2

1 干ししいたけはぬるま湯1カップに2時間ほどつけてもどし、石づきを切り落として半分に切る。もどし汁はこして、水を加えて1カップにする。里いもは皮をむき、ひと口大に切る。れんこんは皮をむいて乱切りにし、さっと水にさらして水けをきる。にんじんは乱切りにする。ごぼうはたわしでこすり洗いし、乱切りにして水に5分ほどさらし、水けをきる。さやいんげんは3等分の斜め切りにする。

2 こんにゃくはスプーンでひと口大にちぎり、さっとゆでて水けをきる。

3 フライパンに油を中火で熱し、鶏肉を皮目から入れる。焼き色がついたら、ペーパータオルで余分な脂を拭き取り、里いも、れんこん、にんじん、ごぼう、こんにゃく、しいたけを順に入れ、そのつどさっと炒める。

4 干ししいたけのもどし汁、酒、砂糖の順に加えて混ぜ、5分ほど煮る。しょうゆ、さやいんげんを加え、さらに4分ほど、汁けがほぼなくなるまで煮る。

これがツボ！

鶏肉は皮目から焼き、野菜はかたいものから炒める

鶏肉は皮目をこんがり焼いて脂をしっかり出すことで、香ばしく、コクのある味わいに。野菜は里いも、れんこんなどのかたい根菜類を先に炒めて、火の通りをそろえます。

鶏手羽中の甘辛煮

白ごまとこしょうたっぷりの名古屋風。
甘辛の煮汁を煮からめて、つやよく仕上げて。

材料（2人分）
鶏手羽中……8本(約300g)
塩……少々
小麦粉……適量
油……大さじ1
A｜水……¼カップ
　｜酒……大さじ1
　｜砂糖……大さじ½
　｜しょうゆ……大さじ1
みりん……大さじ1
白いりごま……大さじ1
こしょう……少々

1 鶏手羽中は裏側の骨と骨の間に切り込みを入れ、塩をふってもむ。小麦粉を薄くまぶす。

2 フライパンに油を弱めの中火で熱し、1を皮目を下にして並べる。2分ほど焼いたら上下を返し、さらに2分ほど焼く。

3 Aを順に加えてふたをし、2分ほど蒸し煮にする。みりん、白いりごま、こしょうを加えてからめる。

これがツボ！

仕上げのみりんで照り照りに

こんがりと焼いた鶏手羽に、調味料を順に加えます。みりんは仕上げの段階で投入。照りを出し、つやつやとおいしそうに煮上げる効果があります。

ひじき煮

お弁当にも便利な昔ながらの副菜。
ごはんや卵焼きに混ぜるのもおすすめです。

材料(2人分)

芽ひじき(乾燥)……20g

ちくわ……2本

にんじん……⅓本(約50g)

こんにゃく……¼枚(50g)

ごま油……大さじ1

A | 酒……大さじ2
　 | 砂糖……大さじ1
　 | 水……¼カップ

しょうゆ……大さじ2

みりん……大さじ2

1 ひじきはさっと洗い、たっぷりの水に20分ほどつけてもどし、水けをきる。ちくわは幅7mmの小口切り、にんじんは長さ3cmの短冊切りにする。こんにゃくは長さ3cm、幅5mmの短冊切りにし、さっとゆでて水けをきる。

2 フライパンにごま油を中火で熱し、ひじきを水けを飛ばすように2分ほど炒める。にんじん、ちくわ、こんにゃくを加えてさらに炒め、油がまわったら、**A**を加えて5分煮る。しょうゆを加え、汁けが半分くらいになるまで煮る。みりんをまわしかけ、ひと煮立ちさせる。

これがツボ！

ひじきは水けを飛ばしてから煮る

ひじきは最初に炒めて、水けを飛ばしてから他の具材を加えます。ここでしっかり炒めておくことで、味のしみ込みがよくなりますし、油のコクが加わっておいしくなります。

かぼちゃの煮もの

かぼちゃの甘み、うまみがあるからだし汁いらず。
煮くずれず、しっかりと味がしみた煮上がりを目指して。

材料(2人分)
かぼちゃ……¼個(約300g)
煮汁
　水……1カップ
　酒、みりん、砂糖……各大さじ1
　しょうゆ……小さじ2
　塩……小さじ¼

1 かぼちゃは種とワタを取り、4cm角くらいに切って、皮をところどころそぎ落とす。

2 フライパンに煮汁の材料を入れて中火にかけ、煮立ったらかぼちゃを皮を下にして並べ入れる。ふたをして弱火にし、10分ほど煮る。

3cm角に切ってから、かたい皮をところどころそぎ落としておくと、味がしっかりしみます。

これがツボ！

少なめの煮汁で
煮くずれを防ぐ

煮くずれやすいかぼちゃは、かぼちゃが半分ひたるくらいの少なめの煮汁で、ふたをして煮ると、蒸し煮のような状態になって身がくずれにくくなります。フライパンに入れるときに皮を下にするのも、煮くずれ防止に役立ちます。

かれいの煮つけ

淡泊な味わいのかれいをしっかりめの味つけで。
忙しいときもうれしい時短レシピ。

材料(2人分)

かれい……2切れ(約200g)
しょうがのせん切り……½かけ分
酒……½カップ
砂糖、しょうゆ……各大さじ1½

1 かれいは片面の皮目に浅く十字の切り込みを入れる。
2 フライパンに水1カップと酒を入れて強火で煮立て、切り込みを入れた面を上にして1を入れる。再び煮立ったら砂糖、しょうゆ、しょうがを加え、落としぶたをして3分30秒ほど煮て、器に盛る。
3 煮汁を1分ほど煮詰めてかれいにかける。

水と酒をしっかり煮立ててからかれいを入れて煮始めることで、表面のたんぱく質をかため、臭みが出るのを防ぎます。

これがツボ!

落としぶたで押さえて強火で一気に!

魚は長く煮るとかたくなるので、短時間で煮上げるのがポイント。強火で一気に火を通します。そのために上面にもしっかり煮汁がいきわたるよう、また、煮汁の中で魚が動いて身がくずれないよう、落としぶたをして煮ます。

スペアリブと大豆のトマト煮込み

おもてなしにもおすすめのごちそう煮込み。
じっくり煮れば、骨離れよく、ほろほろに。

材料（2人分）

豚スペアリブ……4本(約400g)
大豆(水煮・缶詰)……150g
トマト……2個(約400g)
玉ねぎ……½個
にんにくのみじん切り……1片分
塩……適宜
オリーブオイル……適量
赤ワイン……½カップ
こしょう……少々

1 玉ねぎは1cm角に切る。トマトはヘタを取り、鍋に沸かした熱湯につけて皮がはじけたら冷水にとり、皮をむいてざく切りにする。スペアリブに塩小さじ½をもみ込む。

2 フライパンにオリーブオイル大さじ1を中火で熱し、スペアリブの両面に焼き色がつくまで焼き、取り出す。

3 余分な脂を拭き取り、オリーブオイル大さじ1を足して、玉ねぎ、にんにくを中火で炒め、香りが立ったらスペアリブを戻し入れ、赤ワインを加えて煮立てる。

4 大豆、トマト、水1カップを加えてふたをし、再び煮立ったら弱火にする。30分ほど煮込み、塩少々、こしょうを加える。

まずはしっかりと表面を焼きつけて、余分な脂を取り、香ばしさをアップ。

これがツボ！

赤ワインで
肉がやわらかに

肉を戻し入れたら、たっぷりの赤ワインを加えて煮ます。赤ワインはうまみ、コクを増すだけでなく、肉の臭みを取り、やわらかくする効果もあります。

豚の角煮

やわらかで味のしみた豚の角煮。
時間はかかりますが手順はシンプルです。

材料（2人分）

豚バラかたまり肉……500g
ゆで卵……2個
米……大さじ2
長ねぎの青い部分……1本分
しょうが(皮つき)の薄切り……1かけ分
A 酒……½カップ
　　 砂糖……大さじ3
しょうゆ……大さじ3
つけ合わせ
　小松菜……½束

1 フライパンに豚肉を入れ、かぶるくらいの水、米を入れて強火にかける。煮立ったら弱火にし、ときどきアクを取りながら1時間ほどゆでる（途中、豚肉が水面から出るようになったら水を足す）。そのまま脂がかたまるまでおく（夏場はゆで汁ごとボウルに移し、冷蔵庫に入れる）。

2 小松菜はさっとゆでて冷水にとり、水けをしぼって長さ4〜5cmに切る。

3 1の脂を除き、米とゆで汁を捨てて肉を取り出す。幅3cmに切り、再びフライパンに入れる。水2カップ、長ねぎ、しょうが、**A**を入れて強火で煮立て、ふたをして弱火にして30分煮る。

4 殻をむいたゆで卵、しょうゆを加え、さらに20分煮て、そのまま冷ます。小松菜とともに器に盛る。

> これがツボ！

下ゆでで 脂と臭みを取る

肉をゆでるときに米を加えることで、肉の臭みが取れます。下ゆで後はそのまま冷まし、かたまった脂を取り除くと、脂っぽくなく、肉のうまみがしっかり楽しめる角煮になります。

和風チキンポトフ

じっくり煮るだけで、鶏と野菜と昆布のうまみがじわり。
具はもちろん、スープも極上のおいしさです。

材料（2人分）

鶏手羽元……4本（約240g）
にんじん……½本
れんこん……⅔節（約100g）
かぶ（葉つきのもの）……2個
玉ねぎ……½個
昆布（5cm）……1枚
塩……適量
オリーブオイル……大さじ1
粗びき黒こしょう……少々

1 ボウルに水2カップと昆布を入れて30分ほどおく。

2 にんじんは乱切りに、れんこんは皮をむき、幅1cmの輪切りにする。かぶは葉を1cmほど残して切り、皮をむいて4〜6等分のくし形切りにする。葉は長さ4〜5cmに切る。玉ねぎは幅2〜3cmのくし形切りにする。鶏肉は塩少々をもみ込む。

3 フライパンにオリーブオイルを中火で熱し、鶏肉を入れ、上下を返しながら皮目に焼き色がつくまで焼く。**2**の野菜を加えて焼きつけるように炒める。

4 **1**を昆布ごと加え、塩小さじ½を加えてふたをし、弱火にして20分ほど煮る。器に盛り、粗びき黒こしょうをふる。

これがツボ！ ## 昆布を加えるとうまみの底上げに

じっくり煮込むことで、手羽元や根菜からうまみが出ます。昆布のうまみとの相乗効果で、より深い味わいに。味つけは塩、こしょうだけでOKです。

豚バラと白菜の重ね蒸し

くたくたに煮えた白菜が甘くておいしい。
ごま油の香りが食欲をそそります。

材料(2人分)

豚バラ薄切り肉……150g
白菜……¼個(約500g)
しょうがのせん切り……2かけ分
塩……小さじ⅓
酒……大さじ3
ごま油……大さじ1
粗びき黒こしょう……少々

1 白菜は幅3cmに切る。豚肉は幅3cmに切り、塩をふってもむ。

2 フライパンに白菜の半量を広げ、豚肉の半量を広げてのせる。これをもう一度繰り返す。しょうがを散らし、酒をふる。

3 ふたをして中火にかけ、煮立ったら弱火にし、30分ほど蒸し煮にする。器に盛り、ごま油をかけ、黒こしょうをふる。

これがツボ!

野菜の水分を生かした重ね蒸し煮

白菜の水分も利用して、少ない水分で蒸し煮にします。白菜と肉を交互に重ねれば、肉がしっとりと仕上がるし、肉のうまみやコクが白菜にも移って味わい深いひと皿になります。

ラタトゥイユ

たくさんの野菜の甘みとうまみを生かしてシンプルな味つけで。
できたてでも、冷たくしてもおいしい。

煮ものはやっぱり さしすせそ

材料(2人分)

玉ねぎ……½個
セロリ……½本(約50g)
ピーマン……1個
パプリカ(赤)……½個
なす……2本
トマト……2個(約400g)
にんにく(つぶす)……1片
オリーブオイル……大さじ3
塩……小さじ½

1 玉ねぎは幅2cmのくし形切り、セロリは筋を取って乱切り、ピーマン、パプリカはヘタと種を取って乱切りにする。なすは乱切りにし、さっと水にさらし、水けをきる。トマトはヘタを取り、鍋に沸かした熱湯につけて皮がはじけたら冷水にとり、皮をむいてくし形切りにする。

2 フライパンにオリーブオイル、にんにくを入れて弱火で熱し、香りが立ったら中火にし、玉ねぎを加えて炒める。セロリ、なす、パプリカ、ピーマンを順に加え、しんなりするまで炒める。

3 トマトを加えて塩をふり、ふたをして弱火にし、ときどき混ぜながら15分ほど蒸し煮にする。

これがツボ!

うまみ成分の多い
トマトをだし代わりに

炒めた野菜とトマトを蒸し煮にし、くたくたに仕上げます。トマトはうまみ成分を多く含むので、蒸し煮の水分になると同時に、調味料の役割も果たします。味つけは塩だけで充分。

Q. 炊飯の知識、アップデートしてますか?

炊飯器で炊くなら
みんな同じでしょ?

米の研ぎ方の
正解は?

目盛り通りなのに
べちゃっとする

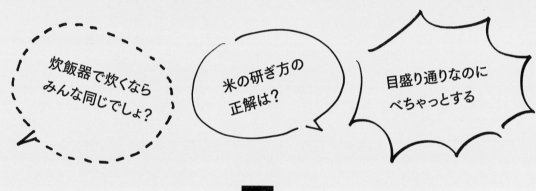

大事なのは 炊飯前 !
米の扱いで
ごはんが変わる

ごはんを炊くのは炊飯器まかせ。とはいえ、

米をきっちり量って、水加減にブレが出ないようにする、

研ぐときは、ぬか臭い水を吸わないように手早く行うなど、

炊飯前のちょっとしたことが、

ごはんのおいしさを左右する大きなポイントになります。

米の鮮度や、炊飯器のモード選びも気にしたいところ。

ごはんの炊き方、あらためて見直してみませんか。

さっと研いで、しっかり水をきる

研ぎ始めの最初の水は
ぬか臭さが
つかないうちに、
しっかりきって。

炊き上がりは混ぜすぎないで

米をつぶさないように
底から返しながら
さっくりと。

炊き込みごはんは即スイッチオン！

炊く前に米に塩分が入ると、
芯が残る原因に。
調味料を加えたら
すぐ炊き始めます。

▶ P.138 五目炊き込みごはん

もっとおいしいごはんの炊き方

米は「洗う」のではなく、すばやく「研ぐ」。
米研ぎを変えれば、ごはんは必ずおいしくなる。

米の表面に残ったぬかを落とすのが、米を研ぐ目的。ぬかで汚れた水につかった状態でのんびり研いでいると、米ににおいが移ってしまいますし、しっか

り研げません。米は乾燥しているので、水に触れた瞬間から吸水を始めますから、手早さが重要です。この2つの研ぎ方のコツを覚えましょう。

**コツ 1　研ぎ汁がぬか臭さの原因。
さっと研いで、さっとすすぐ**

特に大事なのは、1回目の水です。米がもっとも吸水するタイミングなので、表面の汚れを手早く洗い流しましょう。あとの数回も「水を入れたら手早くすすぐ」を意識します。

**コツ 2　米を研ぐときは、
水をしっかりきって**

水をきり、指先を軽く開いてぐるぐる回し、米同士がこすれ合うように研ぎます。ボウルに水が残っていると、米が泳いでしまうので、水をしっかりきっておくことが大切です。

炊き上がったらふんわり「ほぐす」。
ごはんにさわる回数は最小限に。

ごはんが炊き上がったら、余分な水分を飛ばすように、全体をほぐしましょう。ただし、ごはんにさわりすぎるとごはん粒がつぶれ、食感が落ちてしまいます。炊き上がったごはんの表面に十文字のあとをつけ、それぞれのブロックを底から持ち上げるようにやさしくほぐします。

米と炊飯の知識を再点検

❶ 米は鮮度が大事！買うときは精米日を確認して

米は、精米したらどんどん風味や食感が落ちていきます。買うときは必ず精米日をチェックして、新しい日付のものを買いましょう。また、鮮度を保つには、空気に触れないように密閉して、冷暗所に保存するのがベスト。湿度の高い流しの下などは避け、できれば、冷蔵庫に入れるのがおすすめです。

❷ 米の研ぎ方をおさらい

米を正しく計って研ぎ、水けをきってから炊飯器に移しましょう。

❶計量カップに米をすりきりで入れ、正しく計ってボウルに入れる（1合＝150g）。
❷研ぐときは、しっかり水をきってから米同士をこすり合わせるように研ぐ。すすいで白くにごった水は手早くきる。
❸2～3回水を替えながら繰り返す。水を入れたとき、米が透けてみえるくらいになれば研ぎ終わり。

❸ 新米でも水加減は変えなくていい

新米は水分を多く含むので水加減を控えめに…と言われてきました。でも実は、新米でも古米でも、出荷時の水分量は約15％程度とほぼ一緒です。基本的には水加減を変える必要はありません。ただ、新米はまだ組織が安定していないので、やわらかく炊き上がることもあります。そのときは水加減を少し少なめにしてください。

❹ 「通常」と「早炊き」。炊飯モードを使い分ける

炊飯器の「通常モード」は、米の吸水時間（30分程度）を含めた炊飯の設定。「早炊きモード」は、事前に吸水を済ませた米を炊くときに使います。米は低い水温でしっかりと吸水させるとおいしくなりますから、研いだ米を水に漬けたまま冷蔵庫に入れ、2時間ほどおいて吸水させ「早炊きモード」で炊くのもおすすめです。

五目炊き込みごはん

具だくさんごはんはおかずなしでも大満足。
具をのせたらあとは炊飯器まかせでOK。

材料(3〜4人分)

米……2合
鶏もも肉……½枚(約150g)
干ししいたけ……4個
にんじん……¼本
ごぼう……10cm(約30g)
こんにゃく……40g
油揚げ……1枚
昆布(3cm)……1枚
しょうゆ、酒……各大さじ2
万能ねぎの小口切り……少々

1 干ししいたけはぬるま湯2カップに2時間ほどつけてもどし、石づきを切り落とし、薄切りにする。もどし汁はこしてとっておく。米は研いでざるに上げ、炊飯器に入れる。

2 鶏肉は小さめのひと口大に切る。にんじんは長さ4〜5cmのせん切りにする。ごぼうはたわしでこすり洗いし、ささがきにして水に5分ほどさらし、水けをきる。こんにゃくはさっとゆでて厚みを半分に切り、幅2〜3mmに切る。油揚げは細長く半分に切ってから幅5mmに切る。

3 炊飯器の米にしょうゆ、酒、干ししいたけのもどし汁を加え、2合の目盛りまで水を入れてさっと混ぜる。昆布を入れ、2と干ししいたけをのせて炊飯する。炊き上がったらさっくりと混ぜ、器に盛り、万能ねぎをふる。

これがツボ！ ## 調味料を加えたら即スイッチオン

米に塩分が入り込むと芯が残ってしまいます。調味料を加えたらすぐに炊き始めましょう。具の分量は米の重さの80%〜同量くらいが目安です。米2合(300g)なら、具の合計が240〜300gが適量です。

ちらしずし

簡単に作れる甘酢をすし酢がわりに。
刺身は酢と塩をからめると、すし飯とよくなじみます。

材料（3〜4人分）

炊きたてのごはん……2合分
刺身盛り合わせ（いか、まぐろ、
　　ほたて貝柱、サーモンなど）
　　……1パック（約300g）
いくら……20g
万能甘酢（P.198参照）……大さじ6
白いりごま……大さじ1
A｜酢……大さじ2
　｜塩……小さじ¼
貝割れ大根……¼パック
しょうゆ、練りわさび……各適量

1 ボウルにごはんを入れ、甘酢をまわしかけて混ぜる。全体に混ざったらうちわであおぎ、再び混ぜるを2〜3回、ごはんにつやが出るまで繰り返す。ぬれぶきんをかぶせて人肌まで冷ます。

2 ボウルにAを入れて混ぜ、刺身を入れてからめる。

3 器に**1**を盛り、いりごまをふり、**2**を並べる。いくらをのせ、貝割れを根元を落としてのせる。しょうゆ、練りわさびを添える。

これがツボ！ ▶ ## すし飯は混ぜるとあおぐを交互に

あおぎながら混ぜると、ごはんが急激に冷えて甘酢を吸いにくくなるため、必ず別々に行いましょう。ごはんに甘酢を混ぜたら、うちわであおぐ、を繰り返します。

Q. だしをとっていますか?

鍋を出すの
めんどくさい…

少しだから
だしの素でいいでしょ?

ポイントがありすぎて
覚えられない

家庭のだしは
少量 & 簡単 でいい

だしをとるのは大変そうと思っていませんか？

今まで紹介されてきた多くのやり方は、料理のプロがやる方法です。

家庭で食べる毎日の食事なら、鍋で一度にたくさん煮出さなくてもいいし、

少量なら、もっと手軽な方法にしてもいいんです。

それに、肉や魚、野菜にだって、料理をおいしくする充分なうまみがあります。

気負わずに、家庭ならではの気軽なだし使いをしてみましょう。

パックの
削り節でもOK

かつお削り節を、
不織布製のだしパックに入れ、
お鍋にポン。
これで充分。

➡ P.142 簡単和風だし

鶏スープも
手作りできる

鶏手羽元をコトコト煮るだけ。
冷凍もできて便利です。
もちろんお肉も食べられます。

➡ P.144 簡単鶏スープ

だしの素からは卒業！
少量&簡単だしのすすめ

パックの削り節で
すぐできる！
簡単和風だし

みそ汁や煮ものなど、和風の料理に使うかつおだしを、少量で手早くとる方法です。不織布製のだしパック（またはお茶パック）に削り節を入れて水とともに鍋に入れ、ひと煮立ちさせるだけ。だしパックは軽くしぼって取り出します。具の少ない煮ものなら、だしパックを入れたまま煮てもかまいません。

削り節5gでだし2カップ分

材料と作り方（約2カップ分）

だしパック（またはお茶パック）に削り節5gを入れて口を閉じ、水2カップとともに鍋に入れて中火にかける。ひと煮立ちしたらでき上がり。だしパックを軽くしぼって取り出す（熱いので、お玉などを利用してしぼって）。

※削り節は、手軽な小袋パック入りで充分。少量ずつで密閉されていて保存がしやすいし、計量の手間が省けます。

※時間のあるときに、だしパックを何個か作っておいても便利。作っただしパックは保存袋などに入れ、冷蔵庫で保存しましょう。

だしをたくさんとりたいときは

大袋入りの花がつおを使うとよいでしょう。開封後は風味が飛んでしまうので、密閉して冷凍庫で保存。冷たいままではうまみが出にくいので、使う前には常温にもどします。

142

わかめと豆腐のみそ汁

やっぱり覚えておきたい、汁ものの代表選手。

材料（2人分）
カットわかめ（乾燥）……2g
豆腐……¼丁（75g）
だし汁……2カップ
みそ……大さじ2
万能ねぎの小口切り……小さじ1

1 豆腐は1.5cm角に切る。
2 鍋にだし汁を煮立て、1とわかめを入れる。再び煮立ったら
弱火にし、みそを溶き入れる。器に盛り、万能ねぎをふる。

昆布や煮干しも使うと
味わいが広がる

異なるうまみが加わると、相乗効果でだしのうまみがさらに深まります。
簡単和風だしに加えて、混合だしにしてもよいでしょう。
加えるのは、昆布なら5g、煮干しは3〜4尾（約5g）が目安です。

［ 昆布 ］

羅臼昆布、利尻昆布、日高昆布などの種類がありますが、普段使いにはリーズナブルでうまみのしっかりした真昆布、日高昆布がおすすめ。すっきりした風味でどんな素材とも相性がいいので、煮ものやスープに5gほど入れるだけでうまみの底上げ役になります。

あらかじめ5gほどの大きさにカットしておくと、すぐに使えて便利。保存袋やビンなどに入れ、湿気の少ない場所で保管する。

［ 煮干し ］

かたくちいわしやうるめいわしなどを煮て干したもの。魚だしらしい風味があり、みそ汁やキムチチゲなどによく合います。頭と内臓を除くと、特有の苦みやえぐみが抑えられます。

頭をはずして半分に開き、内臓を取り除く。できればフライパンに入れてから炒りし、からからに乾燥させると風味がアップし、持ちもよくなる。保存袋やビンなどに入れ、冷蔵庫で保管する。

顆粒スープの素からはもう卒業！
簡単鶏スープ

手羽元を煮るだけで、十分なうまみのあるスープが作れます。加える香味野菜によって、中華風にも洋風にもなるので、覚えておくと便利です。鍋にすべての材料を入れて、ときどきアクを取りながらことこと煮るだけ。スープをとった鶏肉も料理に使えます。

> 鶏ガラスープの素のように使える

> チキンコンソメのように使える

中華風鶏スープ

材料（約5カップ分）

鶏手羽元……3本
長ねぎの青い部分……1本分
しょうがの薄切り……1かけ分
昆布（5cm）……2枚
酒……大さじ4
水……6カップ

洋風鶏スープ

材料（約5カップ分）

鶏手羽元……3本
玉ねぎのくし形切り……¼個分
にんじんの薄切り……¼本分
セロリ……少々
白ワイン……大さじ4
ローリエ……1枚
水……6カップ

作り方

鍋にすべての材料を入れて中火にかけ、煮立ったらアクを取る。弱めの中火にして30分ほど煮出し、ざるでこす。途中、水が少なくなったら水を足す。

たっぷり作って冷凍してもOK

鶏スープは冷凍できます。時間があるときに多めにとり、小分けにして冷凍用保存袋へ。金属製のバットなどにのせて冷凍すると、平らになって早く冷凍でき、ストックもしやすくなります。解凍は冷蔵庫や室温で自然解凍するか、袋から取り出して電子レンジで解凍してください。

中華風
鶏スープ
を使って

レタスとえのきのスープ

さっと火が通る具材だから、あっという間に完成。

材料(2人分)
レタス……1枚
えのきだけ……1/2袋
中華風鶏スープ(左ページ参照)……2カップ
塩……小さじ½
こしょう……少々

1 レタスは食べやすくちぎる。えのきだけは根元を切り落とし、
　　長さ3cmに切る。

2 鍋に鶏スープを入れて中火で煮立て、1を加え、塩、こしょう
　　を加える。

洋風
鶏スープを
使って

きのこのクリームスープ

バターのコクときのこのうまみで、深い味わい。

材料(2人分)
しめじ、しいたけ、
　　マッシュルームなど
　　……合わせて100g
玉ねぎ……⅛個
牛乳……1カップ

洋風鶏スープ(左ページ参照)
　　……1½カップ
バター……10g
塩……小さじ½
こしょう、粉チーズ、
　　イタリアンパセリのみじん切り……各少々

1 きのこはそれぞれ石づきを切り落とし、しめじはほぐす。しいた
　　け、マッシュルームは薄切りにする。玉ねぎは薄切りにする。

2 鍋にバターを中火で熱し、玉ねぎを炒める。透き通ってきた
　　らきのこを加えてしんなりするまで炒め、鶏スープを加える。

3 煮立ったら牛乳を加えて塩、こしょうで味をととのえる。器
　　に盛り、粉チーズとパセリをふる。

スープをとった手羽元は、ほぐしてあえものに

鶏ときゅうりのあえもの

材料(2人分)と作り方➡スープの鶏手羽元3本(骨を除いてほぐす)、スープの
昆布1枚(せん切り)、きゅうり1/4本(せん切り)、長ねぎ5㎝(斜め薄切り)を、たれ
(しょうゆ、酢各小さじ1、砂糖、ラー油各小さじ½)であえる。

イメージ力をつけるための
おすすめ14献立

献立に

セオリーは

ないのです

主菜と副菜の組み合わせを考えるのは、いつも大変…。

でもそんなに難しく考える必要はありません。

まずは、「すぐ食べたい」「絶対揚げもの」など、今日の気分で主菜を決定！

あとは調理法や味つけ、色合いがかぶらないように、副菜をチョイス。

たくさんの品数を作らなくたって、満足感のある食卓は作れます。

定番和風献立

● 鶏の照り焼き

皮はパリッ、身はプリッ。鶏もも肉の本領発揮。

材料（2人分）

鶏もも肉……小2枚（約400g）

酒……大さじ1

塩……小さじ½

小麦粉……適量

油……小さじ2

合わせ調味料

| しょうゆ、酒、みりん……各大さじ1
| 砂糖……小さじ1

つけ合わせ

| にんじん……⅓本
| さやいんげん……6本

1 鶏肉は冷蔵庫から出して30分ほどおいて常温にもどす。余分な脂を切り落とし、身の厚い部分に切り込みを入れて開き、厚みを均一にする。繊維を切るように1cm間隔に切り込みを入れ、皮目を包丁の先で10カ所ほど刺す。酒に塩を加えて溶かし、全体にふってなじませる。

2 にんじんは、幅7mmの輪切りにする。さやいんげんは幅1cmの斜め切りにする。合わせ調味料の材料を混ぜておく。

3 フライパンに油を弱めの中火で熱し、にんじん、さやいんげんを入れて3分ほど焼きつけるように炒めて取り出す。

4 続いて鶏肉に小麦粉を薄くまぶして皮目を下にしてフライパンに入れ、弱火にかける。鍋のふたやフライ返しで押しつけながら4〜5分焼き、皮目がパリッとしたら上下を返す。出てきた脂をペーパータオルで拭き、水大さじ1をふり、さらに4分ほど焼く。合わせ調味料を加え、からめながらとろみがつくまで焼く。

● 里いもの ポテトサラダ

マヨネーズを使わないあっさり味。

材料（2人分）

里いも……4個（約200g）

ブロッコリー……½個（約100g）

A | オリーブオイル……大さじ1
| 塩……小さじ½
| こしょう……少々

1 里いもは皮つきのままよく洗い、ふんわりとラップで包み、電子レンジで4分ほど加熱する。粗熱が取れたら皮をむき、ボウルに入れてフォークなどでざっくりとくずす。

2 ブロッコリーは小房に分け、ふんわりとラップで包み、電子レンジで2分ほど加熱する。

3 **2**を**1**のボウルに加え、**A**を加えてあえる。

149

蒸し魚献立

白身魚と豆腐の
レンジ蒸し

豆腐と一緒に蒸して食べごたえアップ。

材料(2人分)
甘塩たら……2切れ
絹ごし豆腐……½丁(150g)
酒……適量
昆布(5cm)……2枚
きのこ(えのきだけ、まいたけ、しいたけなど)
　　……合わせて100g
万能ねぎの小口切り……適量

1 耐熱の器2枚に昆布を1枚ずつ敷き、酒大さじ½ずつをふっておく。

2 えのきだけは根元を切り落として長さを半分に切り、まいたけはほぐす。しいたけは石づきを切り落として薄切りにする。豆腐は水けを拭き、厚みを半分に切る。

3 1の昆布に豆腐、たら、きのこの順に等分にのせ、酒大さじ1ずつをふってふんわりとラップをかける。電子レンジで1皿あたり3分ほど加熱する。万能ねぎを等分にのせる。

レンジ蒸しで白身魚をしっとりと。

れんこんと
かぼちゃの焼きびたし

れんこんはシャッキリ、かぼちゃはホクホク!

材料(2人分)
れんこん……⅓節(約50g)
かぼちゃ……100g
油……大さじ1
A | 万能だれ(P.192参照)……大さじ1
　　| 酢……小さじ1

1 れんこんは皮をむき、幅5mmの輪切りにする。かぼちゃは種とワタを取り、幅5mmの薄切りにする。バットにAの材料を混ぜておく。

2 フライパンに油を弱めの中火で熱し、れんこんとかぼちゃを並べ、両面を2分ずつ焼く。1のバットに入れてからめる。

チンジャオロースー

下味をしっかりもみ込むと、肉がぱさつきません。

材料(2人分)

牛もも焼き肉用肉……200g
赤ピーマン……1個
ピーマン……4個
エリンギ……1本
しょうがのせん切り
　　……1かけ分
下味
　酒、片栗粉、サラダ油
　　……各大さじ1
　しょうゆ……小さじ1
　こしょう……少々

油……大さじ1
合わせ調味料
　しょうゆ……大さじ2
　オイスターソース
　　……大さじ1½
　酒、酢……各大さじ1
　砂糖……小さじ2

1 牛肉は幅1cmの細切りにしてボウルに入れ、下味の材料を加えてよくもむ。

2 赤ピーマン、ピーマンは縦半分に切ってヘタと種を取り、縦に幅5mmの細切りにする。エリンギは長さを半分に切り、縦に幅5mmの細切りにする。合わせ調味料の材料を混ぜておく。

3 フライパンに油を中火で熱し、2の野菜を30秒ほど炒める。牛肉、しょうがを加えてほぐしながら炒め、肉の色が変わったら合わせ調味料を加えて炒め合わせる。

コーンスープ

卵を加えたらやさしく混ぜて、ふわっと。

材料(2人分)

クリームコーン(缶詰)
　……1缶(190g)
溶き卵……1個分
A 酒……大さじ1
　塩……小さじ½
　こしょう……少々

水溶き片栗粉
　片栗粉……小さじ1
　水……大さじ1

1 鍋に水2カップを沸かし、コーンを加えて混ぜる。再び煮立ったら中火にし、Aを加える。水溶き片栗粉を混ぜてから加え、混ぜながら煮る。

2 とろみがついたら、溶き卵を少しずつ加え、ゆっくりと混ぜる。

王道中華はみんな大好き!

あっさり和風献立

鶏塩つくね

肉だねに削り節を混ぜ込んで、風味アップ。

材料（2人分）

鶏ひき肉……200g
木綿豆腐……½丁（150g）
玉ねぎ……¼個
削り節……1パック（4g）
塩……小さじ⅔
片栗粉……小さじ2
油……小さじ2
つけ合わせ
｜ししとう……6本

1 豆腐はひと口大にちぎってざるに上げる。玉ねぎはみじん切りにする。ししとうは包丁で縦に1本、切り込みを入れる。
2 ボウルにひき肉、豆腐、玉ねぎ、削り節、塩、片栗粉を入れて粘りが出るまでよく練り混ぜる。8等分して小判形にまとめる。
3 フライパンに油を弱めの中火で熱し、ししとうを炒め、しんなりしたら取り出す。続いて2を並べ入れて2分ほど焼き、上下を返す。水大さじ1を加えてふたをし、2分30秒ほど蒸し焼きにする。ししとうとともに器に盛る。

たまにはしょうゆ味をやめてみる。

切り干し大根のごまマヨあえ

煮るだけじゃない！　切り干しをサラダ風に。

材料（2人分）

切り干し大根（乾燥）……30g
豆苗……½袋（約50g）
ごまマヨ
｜マヨネーズ……大さじ2
｜白すりごま……大さじ1
｜塩、こしょう……各少々
白すりごま……少々

1 切り干し大根はたっぷりの水に20分ほどつけてもどし、水けをしぼって食べやすく切る。豆苗は根元を切り落とし、長さ5cmに切る。鍋に湯を沸かし、切り干し大根と豆苗をさっとゆでてざるに上げる。
2 粗熱が取れたら水けをしぼり、ボウルに入れ、ごまマヨの材料を加えてあえる。器に盛り、すりごまをふる。

煮魚献立

やっぱり定番和食はほっとする。

いわしの梅煮

青背の魚は冷たい煮汁から煮ると、皮が破れません。

材料(2人分)
いわし……4尾(約360g)
梅干し(塩分約15%のもの)……2個
しょうがの薄切り……1かけ分
煮汁
　酒……大さじ4
　水……1カップ
　しょうゆ、みりん……各大さじ2
　酢……大さじ1
　砂糖……小さじ1

1 いわしは包丁の刃で表面をこそげ、うろこを取る。頭を切り落とし、腹に切り込みを入れて内臓をかき出す。冷水できれいに洗い、ペーパータオルで水けを拭く。

2 直径20cmのフライパンに**1**を並べ、しょうが、梅干しを入れる。煮汁を加えて強火にかけ、煮立ったらペーパータオルをのせ、落としぶたをして弱火にし、20分ほど煮る。

ピーマンとじゃがいものきんぴら

塩とみりんで、野菜の味が際立ちます。

材料(2人分)
ピーマン……2個
じゃがいも……1個(約150g)
ちりめんじゃこ……大さじ1
油……大さじ1
赤唐辛子の小口切り
　……小さじ1
A｜酒、みりん
　｜　……各大さじ1
　｜塩……小さじ¼

1 ピーマンは縦半分に切ってヘタと種を取り、縦に細切りにする。じゃがいもは皮をむいて細めのせん切りにし、水にさっとさらし、水けをきる。

2 フライパンに油を中火で熱し、じゃこをカリッとするまで炒める。**1**を加えてさらに炒める。

3 しんなりしたら赤唐辛子、**A**を加えて汁けがなくなるまで炒める。

カレー献立

キーマカレー

カレー粉は偉大。簡単なのに本格味です。

材料(2人分)

豚ひき肉……200g
トマト……2個
玉ねぎ……½個
温かいごはん……適量
ゆで卵……1個
油……大さじ2

A | しょうがのみじん切り
……2かけ分
にんにくのみじん切り
……½片分
青唐辛子(またはししとう)の
みじん切り……1本分

カレー粉……大さじ1
塩……小さじ1
中濃ソース……小さじ1

1 トマトはざく切りにする。玉ねぎはみじん切りにする。

2 フライパンに油を弱火で熱してAを炒め、香りが立ったら玉ねぎを加えて強めの中火にし、玉ねぎが透き通るまで炒める。トマトを加えて、水分を飛ばすように9〜10分炒め、カレー粉、塩を加える。

3 ひき肉を加え、色が変わるまで炒め、水大さじ4、中濃ソースを加えてさらに2分ほど炒める。ごはんとともに器に盛り、ゆで卵を半分に切ってのせる。

ルウを使わないカレーにしよう。

きゅうりのヨーグルトサラダ

ヨーグルト味のサラダはカレーと好相性。

材料(2人分)

きゅうり……1本
玉ねぎ……¼個
プチトマト……8個
塩……小さじ⅓
レモン汁……大さじ1
プレーンヨーグルト(無糖)……大さじ2

1 きゅうり、玉ねぎは1cm角に切る。プチトマトは4等分のくし形切りにする。

2 1をボウルに入れ、塩、レモン汁を加えてからめ、ヨーグルトを加えてあえる。

揚げもの献立

キャベツ
メンチカツ

たっぷりキャベツで、揚げものだけど重くない。

材料（2人分）
合いびき肉……150g
キャベツ……2枚（約150g）
玉ねぎ……¼個
塩……小さじ¼
A | 溶き卵……½個分
   | こしょう……少々
小麦粉、パン粉、揚げ油……各適量
B | 溶き卵……½個分
   | 水……大さじ1
つけ合わせ
   | 水菜……¼束
   | トマト……½個
ソース……適量

1 キャベツはせん切りにし、玉ねぎはみじん切りにする。水菜は3〜4cm長さに切り、トマトはくし形切りにする。

2 ボウルに冷蔵庫から出したてのひき肉を入れ、塩を加えて練り混ぜる。**A**、キャベツ、玉ねぎを加えてよく混ぜ、全体がひとまとまりになったら、4等分して平たい円形にまとめ、小麦粉を薄くまぶす。

3 **B**を混ぜて**2**にからめ、パン粉をまぶし、軽く押さえてなじませる。

4 フライパンに揚げ油を深さ2cmほど入れて中温（約170℃・P.79参照）に熱し、**3**を入れる。そのまま2分ほど揚げ、上下を返して3分ほど揚げる。器に盛り、水菜とトマトを添える。ソースを添える。

揚げものは、ごちそう。

くずしやっこ

主菜に少し手間がかかるなら、副菜は簡単に。

材料（2人分）
木綿豆腐……1丁（300g）
しらす干し……大さじ2
きゅうり……½本
青じそ……2枚
A | 水……大さじ1
   | 塩……小さじ¼
ごま油……大さじ1

1 きゅうりは幅3mmの小口切りにしてボウルに入れる。混ぜた**A**をふってからめ、10分ほどおいてから水けをしぼる。青じそは細かくちぎる。

2 器に豆腐をちぎりながら入れ、きゅうり、しらす、青じそをのせ、ごま油をかける。

アレンジ中華風献立

トマト酢豚

酢豚にジューシーなトマト、これが合う合う!

材料(2人分)

豚肩ロースカレー用肉……200g
トマト……小2個(約300g)
玉ねぎ……½個
しいたけ……2個
パプリカ(赤)……½個
ズッキーニ……½本
A | 酢、砂糖、しょうゆ
　　……各大さじ2
　| 塩……小さじ⅓
B | 酒……小さじ2
　| 塩……小さじ¼
片栗粉……大さじ2
油……大さじ2
ごま油……小さじ2

1 トマトはひと口大に切ってボウルに入れ、**A**を加えてからめる。

2 玉ねぎは幅1.5cmのくし形切り、しいたけは石づきを切り落として4等分に切る。パプリカは細めの乱切りにする。ズッキーニは幅1cmの輪切りにする。豚肉は**B**をもみ込み、片栗粉をまぶす。

3 フライパンに油を強めの中火で熱して豚肉を入れ、表面がカリッとするまで、返しながら2分ほど焼く。**2**の野菜を加えてさらに1分ほど炒める。

4 **1**を加え、トマトをつぶしながら汁けがなくなるまで炒める。ごま油をまわしかけてさっと混ぜる。

定番中華を
少しだけ
アレンジ。

セロリと
ザーサイの
あえもの

セロリの葉も使ってサラダ感覚のあえものに。

材料(2人分)

セロリ……½本(約50g)
味つきザーサイ……20g
A | ごま油、白いりごま……各小さじ2
　| 塩……少々

1 セロリは筋を取り、斜め薄切りに、葉はざく切りにする。ザーサイは大きければ食べやすく刻む。

2 ボウルに**1**を入れ、**A**を加えてあえる。

洋風魚献立

パンに合う魚料理が食べたい。

かじきの ソテー レモンバター

鮭、まながつおなどでもおいしく作れます。

材料（2人分）
かじき……大2切れ（約280g）
レモンの輪切り……4枚
塩、こしょう……各少々
小麦粉……適量
オリーブオイル……小さじ2
バター……20g
粗びき黒こしょう……少々
つけ合わせ
 グリーンアスパラガス……2本
 エリンギ……1本

1 かじきは塩をふって10分ほどおき、出てきた水けを拭く。こしょうをふり、小麦粉を薄くまぶす。アスパラガスは根元のかたい部分を切り落とし、3等分の斜め切りにする。エリンギは長さを3〜4等分に切り、幅5mmの薄切りにする。

2 フライパンにオリーブオイルを中火で熱し、かじきを並べ入れる。あいているところにアスパラガス、エリンギを入れてしんなりするまで炒める。かじきは2分ほど焼いて表面がカリッとしたら上下を返し、さらに2分ほど焼き、アスパラガス、エリンギとともに器に盛る。レモンをのせる。

3 2のフライパンをペーパータオルで拭き、バターを入れて中火にかける。溶けて細かい泡が出てきたら、レモンの上からかけ、黒こしょうをふる。食べるときにレモンをしぼる。

根菜 ミネストローネ

昆布だしと根菜のやさしい味わい。

材料（2人分）
にんじん……⅛本
大根……30g
ごぼう……10cm
長ねぎ……10cm
ベーコン……2枚
昆布（5cm）……1枚
オリーブオイル……小さじ1
塩、こしょう……各少々

1 ボウルに水2カップと昆布を入れて、30分ほどおく。

2 にんじん、大根はそれぞれ1.5cm角に切る。ごぼうはたわしでこすり洗いし、6等分の小口切りにする。水に5分ほどさらし、水けをきる。長ねぎは6等分の小口切りにする。ベーコンは幅1cmに切る。

3 フライパンにオリーブオイル、ベーコンを入れて中火で熱し、ベーコンの脂が出てきたら2を加えて炒める。1を加えて煮立て、アクを取り、3〜4分煮て、塩、こしょうで味をととのえる。

シンプル洋風献立

● ポークピカタ

チーズたっぷりの卵液をからめて焼くだけ！

材料（2人分）
豚ヒレひと口カツ用肉
　　……8枚（約300g）
塩、こしょう……各少々
小麦粉……適量
オリーブオイル……小さじ2
卵液
　溶き卵……1個分
　粉チーズ……大さじ1
　ドライパセリ……小さじ½
つけ合わせ
　レタス……適量

1 豚肉は、麺棒などでたたいて1.2倍ほどの大き
　さにのばす。両面に塩、こしょうをふり、小麦粉
　を薄くまぶす。卵液の材料を混ぜておく。レタス
　は食べやすくちぎる。

2 フライパンにオリーブオイルを弱めの中火で熱
　し、豚肉に卵液をからめて並べ入れる。2分ほ
　ど焼いたら上下を返し、ふたをしてさらに2〜3
　分焼く。レタスとともに器に盛る。

● トマトと玉ねぎの甘酢マリネ

すっぱすぎないマリネは献立のアクセントに。

材料（2人分）
トマト……1個
玉ねぎ……⅛個
A｜万能甘酢（P.198参照）、水……各大さじ2

1 トマトは乱切りにする。玉ねぎは横に薄切りに
　し、水に5分ほどさらし、水けをきる。

2 ボウルに**1**を入れ、**A**を加えてあえる。

韓国風丼献立

ビビンバ

よーく混ぜれば、野菜と肉のうまみが渾然一体に。

材料(2人分)

牛そぼろ
| 牛ひき肉……100g
| **A** | 酒……大さじ1
| | 砂糖、しょうゆ
| | ……各大さじ½
| ごま油……小さじ1
3色ナムル
| ほうれん草……½束(約100g)
| にんじん……小½本(約50g)
| もやし……½袋(約100g)
| ごま油……適量
| 塩、こしょう……各適量

白菜キムチ(刻む)……40g
温かいごはん……適量
白すりごま……大さじ1
韓国のり……少々

1 牛そぼろを作る。フライパンにごま油を中火で熱し、ひき肉を炒める。ぽろぽろになったら**A**を加え、汁けがなくなるまで炒める。

2 ナムルを作る。ほうれん草は長さ3cmに切る。にんじんは長さ3cmのせん切りにする。もやしはひげ根を取る。鍋に湯を沸かし、にんじん、もやしは順にそれぞれ1分ほどゆでて水けをきる。同じ湯でほうれん草は1分ほどゆでて冷水に取り、水けをしぼる。それぞれの野菜ごとにごま油小さじ1と塩、こしょう各少々を加えてあえる。

3 器にごはんを盛り、**1**、**2**、キムチをのせ、ごまをふり、のりを細かくもんでのせる。

どんぶりは、ごはんが進む。

わかめのスープ

煮干しごと煮て、だしとりいらず。

材料(2人分)

カットわかめ(乾燥)……2g
長ねぎ……5cm
煮干し……2尾
| **A** | 酒……大さじ1
| | しょうゆ……小さじ2
| | こしょう……少々
ごま油……小さじ2

1 長ねぎは斜め薄切りにする。

2 鍋に水2カップと煮干しを入れて中火で煮立て、**A**を加える。弱火にして、**1**、わかめを加え、さっと煮てごま油をまわし入れる。

おつまみ風献立

今日は飲みながら、食べよう。

長いもチキンナゲット

鶏肉に、揚げるとホクホクの長いもを合わせて。

材料(2人分)

鶏胸肉……大½枚(約200g)
長いも……120g
塩、こしょう……各少々
ころも
├ 溶き卵……1個分
├ 小麦粉……大さじ3
└ しょうゆ……小さじ1
揚げ油……適量

ケチャップソース
├ トマトケチャップ
│ ……大さじ2
└ ごま油……小さじ2
レモンのくし形切り
……2切れ
つけ合わせ
└ ベビーリーフ……適量

1 長いもは皮をむき、幅5mmの輪切りにしてから、幅5mmの棒状に切る。鶏肉は幅2cmに切り、塩、こしょうをふる。

2 1をボウルに入れ、ころもの材料を順に加えて混ぜる。

3 フライパンに揚げ油を深さ2cmほど入れて中温(約170℃・P.79参照)に熱し、2を8～10等分してスプーンですくい入れ、そのまま2分ほど揚げる。上下を返しながら、さらに2分ほど揚げる。ベビーリーフとともに器に盛り、レモン、混ぜたケチャップソースを添える。

きのこのレンジマリネ

レンジで完成。作りおきにもおすすめです。

材料(2人分)

きのこ(しいたけ、しめじ、エリンギ)
　　……合わせて150g
A ├ にんにくのみじん切り……½片分
　├ オリーブオイル……大さじ3
　└ 塩、こしょう……各少々
ドライパセリ……少々

1 しいたけは石づきを切り落とし、放射状に6～8等分に切る。しめじは石づきを切り落としてほぐす。エリンギは長さを3～4等分に切り、縦に幅5mmに切る。

2 耐熱ボウルに1を入れ、Aを加えて混ぜる。

3 ふんわりとラップをかけて電子レンジで3分ほど加熱し、粗熱を取る。器に盛り、パセリをふる。

洋風煮込み献立

白いビーフストロガノフ

ごはんにも、パンにもよく合う簡単煮込み。

材料(2人分)

牛こま切れ肉……200g	バター……20g
玉ねぎ……½個	酒……大さじ4
マッシュルーム……4個	牛乳……1カップ
カリフラワー	酢……大さじ1
……½個(約250g)	粗びき黒こしょう
にんにくのみじん切り	……少々
……1片分	ドライパセリ……少々
小麦粉……大さじ2	
塩、こしょう……各適量	

1 玉ねぎ、マッシュルームは縦に薄切りにしてボウルに入れ、小麦粉をまぶす。カリフラワーは小房に分け、縦に幅1cmに切る。牛肉は塩、こしょう各少々をふる。

2 フライパンにバターを弱めの中火で熱してにんにくを炒め、香りが立ったら、玉ねぎとマッシュルームを加えて1分ほど炒める。牛肉、カリフラワーを加えてさらに2分ほど炒め、酒、水1カップを加えて混ぜ、ふたをして2分ほど煮る。

3 牛乳を加えて温め、塩、こしょう各少々で味をととのえ、酢をまわしかけて、さっと混ぜる。器に盛り、黒こしょう、パセリをふる。

煮込み を。 煮込まない 時間がない日は、

にんじんと オレンジのサラダ

フルーティーな酸味で口の中がさっぱり。

材料(2人分)

にんじん……1本(約150g)		酢……小さじ1	
オレンジ……1個		オリーブオイル	
A	水……大さじ1	……小さじ2	
	塩……小さじ⅓	こしょう……少々	

1 にんじんはせん切りにしてボウルに入れ、混ぜたAをふってからめ、10分ほどおき、水けをしぼる。オレンジは皮をむき、薄皮から果肉をはずし、半分に切る。

2 別のボウルに酢、オリーブオイル、こしょうを入れてよく混ぜ、1を加えてあえる。

韓国風鍋献立

あさりと豚肉の豆乳鍋

魚介と肉のうまみがたっぷり。

材料(2人分)

あさり(殻つき)……200g

豚バラ薄切り肉……200g

絹ごし豆腐……1丁(300g)

にら……½束

豆乳(成分無調整)……1カップ

昆布(5cm)……1枚

にんにくの薄切り……1片分

ごま油……大さじ1

塩……小さじ1

白すりごま……大さじ1

1 あさりは殻をこすり合わせて洗い、砂抜きをする(P.107参照)。にらは長さ5cmに切る。豚肉は幅5cmに切る。

2 鍋にごま油とにんにくを入れて中火で熱し、香りが立ったら、水2カップ、昆布を加える。煮立ったら豆腐を手でくずしながら加える。

3 豆乳、塩を加え、再び煮立ったら、豚肉とあさり、にらを加えて、肉の色が変わり、あさりの口が開くまで煮る。すりごまをふる。

辛くない、韓国風。

レタスときゅうりの ナムル風サラダ

手であえると味がまんべんなくなじみます。

材料(2人分)

レタス……¼個(約100g)

きゅうり……1本

水菜……½株(約30g)

ドレッシング

　にんにくのすりおろし

　　……½片分

　ごま油……小さじ4

　しょうゆ……小さじ2

　砂糖……小さじ½

焼きのり(全形)……½枚

1 レタスは食べやすくちぎり、水菜は長さ4〜5cmに切る。合わせて冷水につけてパリッとさせる。きゅうりは縦半分に切ってから、斜め薄切りにする。ドレッシングの材料を混ぜておく。

2 レタス、水菜の水けをしっかりきり、きゅうりとともにボウルに入れ、ドレッシングを加えてあえる。器に盛り、のりを細かくもみながらちらす。

ただのストックから即戦力へ！

下味つき冷

機動力を
上げましょう

凍 で

忙しいから、ごはん作りに時間をかけたくない。

そんなときは、ちょこっと下ごしらえをした冷凍素材があると便利。

あとはいくつかの食材を組み合わせるだけで、はい、完成！

使い残しがちな食材も上手に冷蔵、冷凍保存すれば、

調理がスムーズになって、ムダも出ません。

鶏肉のカレーヨーグルト漬け

焼いたり、煮込んだり、使い道はいろいろ!
ヨーグルトに漬けることで、肉がやわらかくなるメリットもあります。
鶏手羽元や鶏胸肉でも同じ重量で同様に作れます。

[材料 (冷凍用保存袋(Mサイズ)1袋分)]
鶏ももから揚げ用肉*……250g
下味
 玉ねぎのすりおろし……¼個分
 にんにくのすりおろし……½片分
 しょうがのすりおろし……½かけ分
 プレーンヨーグルト(無糖)……大さじ4
 カレー粉……小さじ2
 塩、砂糖……各小さじ½

*から揚げ用でない場合は、ひと口大に切る。

[作り方]
冷凍用保存袋に下味の材料を入れてもんで混
ぜ、鶏肉を加えてよくからめる。平らにして空気
を抜いて口を閉じ、冷凍する。

➡ 解凍方法
冷蔵室で
8
時間

➡ 保存期間の
目安
約
3
週間

➡ たとえばこんな使い方を

● 小麦粉をまぶして揚げれば、 カレー風味のフライドチキン に。
● フライパンで焼きつければ、 チキンのカレーソテー に。
● 冷凍のまま持ち運び、持ち寄りパーティーやアウトドアの バーベキュー に。
● 魚焼きグリルで焼いても、香ばしくなっておいしい。ただし、少しこげやすいので焼き加減は注意して。

鶏肉の
カレーヨーグルト
漬けを使って
①

タンドリーチキン

焼くとこんがり香ばしく、肉はしっとり！
フライパンで焼くから簡単。

材料(2人分)
鶏肉のカレーヨーグルト漬け
　(左ページ参照)……全量
ズッキーニ……½本
パプリカ(赤)……¼個
オリーブオイル……大さじ1

1 ズッキーニは幅7〜8mmの輪切りにし、パプリカは乱切りにする。

2 フライパンにオリーブオイルを中火で熱し、解凍した鶏肉を下味の調味料ごと入れ、皮目を下にして2分ほど焼く。上下を返し、あいているところにズッキーニ、パプリカを加えてふたをし、3分ほど焼く。全体をさっと炒め合わせる。

鶏肉の
カレーヨーグルト
漬けを使って
2

バターチキンカレー

トマト缶をプラスすれば、
短時間でスパイスカレーのでき上がり!

材料(2人分)
鶏肉のカレーヨーグルト漬け
　(P.178参照)……全量
ししとう……1本
カットトマト(缶詰)……½缶(200g)
バター……20g
牛乳……大さじ3
塩……小さじ1

1 ししとうはみじん切りにする。フライパンにバターとししとうを入れ、中火にかける。

2 バターが溶けたら、解凍した鶏肉を下味の調味料ごと入れて炒める。肉全体が白くなったらカットトマトを加え、10分ほど煮る。牛乳、塩を加えて混ぜ、さっと煮る。

鶏肉の
カレーヨーグルト
漬けを使って
❸

スパイシーカレーピラフ

インド風の炊き込みピラフ。
揚げ玉ねぎが香ばしいアクセントに。

材料（2人分）
鶏肉のカレーヨーグルト漬け
　　（P.178参照）……全量
米……2合
香菜……1本
玉ねぎ……¼個
カレー粉……小さじ2
塩、黒粒こしょう……各小さじ1
オリーブオイル……大さじ2

1 米は研いでざるに上げる。香菜は葉と茎を切り分け、茎と根は
みじん切りにする。玉ねぎは縦に薄切りにする。

2 炊飯器に米を入れ、2合の目盛りまで水を入れる。解凍した鶏
肉の下味の調味料とカレー粉、塩を加えてひと混ぜし、鶏肉、
香菜の茎と根、黒粒こしょうをのせて炊く。

3 フライパンにオリーブオイルを弱火で熱し、玉ねぎを茶色になる
までときどき混ぜながら揚げ焼きにし、ペーパータオルに取り出
して油をきる。

4 2が炊き上がったらざっくりと混ぜ、器に盛り、3と香菜の葉をの
せる。

豚肉の梅みそ漬け

みそのコクとうまみがありつつ、梅干しの酸味でさっぱりと食べられます。
野菜との相性も抜群の味つけです。
こま切れ肉でも同じ重量で同様に作れます。

[材料 (冷凍用保存袋(Mサイズ)1袋分)]

豚ロース薄切り肉……200g

下味

　梅干し

　　(塩分約15％のもの・種を除いて果肉をたたく)

　　……1個分

　みそ……大さじ2

　みりん……大さじ1

[作り方]

冷凍用保存袋に下味の材料を入れてもんで混ぜ、豚肉を加えてよくからめる。平らにして空気を抜いて口を閉じ、冷凍する。

➡ **解凍方法** 冷蔵室で 5 時間

➡ **保存期間の目安** 約 3 週間

➡ **たとえばこんな使い方を**

●下味の調味料を軽く落とし、そのまま焼けば、 **みそ漬け焼き** に。

●2〜3枚重ねて小麦粉、溶き卵、パン粉の順にころもをつけて揚げれば、 **梅みそカツ** に。

●食べやすく切って野菜と一緒に炒めて **混ぜごはん** や **チャーハン** にしても。

梅みそ豚肉の
えのき巻き

片栗粉をふって焼けば、
ふわっとした口あたりに。

材料(2人分)
豚肉の梅みそ漬け
　(左ページ参照)……全量
えのきだけ……1袋
片栗粉……適量
油……大さじ1½

1 えのきだけは根元を切り落とし、長さを半分に切
る。解凍した豚肉を1枚ずつ広げ、えのきだけを
等分にのせて巻き、茶こしで片栗粉を薄くふる。

2 フライパンに油を弱めの中火で熱し、**1**を巻き終
わりを下にして並べ入れる。1分ほど焼いたら、転
がしながら全体に焼き色をつけ、水大さじ2を加
えてふたをし、2分ほど蒸し焼きにする。

梅みそ豚肉と
れんこんの炒めもの

れんこんはたたいて大きく割り、
歯ごたえを生かします。

材料(2人分)
豚肉の梅みそ漬け
　(左ページ参照)……全量
れんこん……大1節(約300g)
ごま油……小さじ2

1 解凍した豚肉を幅3cmに切る。れんこんは皮を
むいて縦に4等分に切り、麺棒などでたたいて食
べやすく割る。

2 フライパンにごま油を中火で熱し、れんこんを炒
める。焼き色がついたら、豚肉と水大さじ2を加
え、肉の色が変わるまで1分ほど炒める。

豚ひき肉のしいたけ風味

刻んだしいたけを混ぜた、きのこのうまみが広がる肉だねです。
冷凍する際、保存袋に筋をつけておくと、
少量ずつ凍ったまま折って取り出すこともできて便利。

[材料 (冷凍用保存袋(Mサイズ)1袋分)]

豚ひき肉……200g

下味

　しいたけのみじん切り……1個分
　にんにくのみじん切り……½片分
　しょうゆ、酒……各大さじ1
　砂糖、片栗粉、ごま油……各小さじ1

[作り方]

冷凍用保存袋に下味の材料を入れて混ぜ、ひき肉を加えてよくもんで混ぜる。平らにして空気を抜いて口を閉じ、菜箸で軽く十字の筋をつけて冷凍する。

➡ 解凍方法

➡ 保存期間の目安

➡ **たとえばこんな使い方を**

● まとめて焼けば、和風ハンバーグ に。
● そのまま炒めて そぼろ に。豆腐ステーキにかけたり、レタスなどの葉野菜と一緒に食べたり。
● 野菜と炒めて ラーメンのトッピング にしてもおいしい。

ひき肉の
オープンオムレツ

朝ごはんにもお弁当にも大活躍！
好みの野菜を混ぜて。

材料（2人分）
豚ひき肉のしいたけ風味
　（左ページ参照）……半量
溶き卵……4個分
万能ねぎの小口切り……大さじ2
油……小さじ1

1 直径20cmのフライパンに油を中火で熱し、解凍
　したひき肉を入れてほぐしながら炒める。肉の色
　が変わったら、万能ねぎを加えて混ぜる。溶き卵
　を流し入れ、30秒ほど大きく混ぜる。

2 ふたをして弱火にし、3分ほど焼く。上下を返して
　器に盛る。

肉だんごスープ

丸めれば肉だんごに。
うまみも出て、スープもおいしくなります。

材料（2人分）

豚ひき肉のしいたけ風味	**A**	しょうゆ……大さじ1
（左ページ参照）……半量		ごま油……小さじ1
白菜……2枚(約100g)		塩……小さじ½
春雨(乾燥)……30g		こしょう……少々
削り節……10g	万能ねぎの小口切り	
酒……大さじ1	……適量	

1 白菜は長さ5cm、幅1cmの細切りにする。春雨は
　熱湯につけ、やわらかくなったらざるに上げ、食べ
　やすく切る。解凍したひき肉を6等分に丸める。

2 鍋に水3カップとだしパックに入れた削り節を入
　れ、弱めの中火にかけ、煮立ったらだしパックを
　取り出す。酒、**1**の肉だんごと白菜を加えて2分ほ
　ど煮る。

3 春雨を加え、ひと煮立ちしたら、**A**を加える。器に
　盛り、万能ねぎをのせる。

ぶりのしょうがじょうゆ漬け

しょうがたっぷりの下味に漬ければ、
下味つけと同時に臭み取りもできて、一石二鳥。
鮭やかじきなどでも同じ重量で同様に作れます。

[材料 (冷凍用保存袋(Mサイズ)1袋分)]

ぶり……2切れ(約200g)

下味
| しょうがのすりおろし……1かけ分
| みりん……大さじ2
| しょうゆ、酒……各大さじ1

[作り方]

冷凍用保存袋に下味の材料を入れてもんで混ぜ、ぶりを加えてよくからめる。平らにして空気を抜いて口を閉じ、冷凍する。

➡ 解凍方法 冷蔵室で 8 時間

➡ 保存期間の目安 約3週間

➡ たとえばこんな使い方を

● 汁けを拭いて、魚焼きグリルでこんがり焼いて。
　大根おろしを添えたり、ざっとほぐして 混ぜごはんの具 にするのもおすすめ。
● 食べやすく切って、季節の野菜と 炒めもの に。
● 小麦粉、溶き卵、パン粉の順にころもをつけて、フライ に。

ぶりのしょうが
照り焼き

蒸し焼きにして、ふっくらと。
仕上げに漬け汁を加えて煮からめます。

材料(2人分)

ぶりのしょうがじょうゆ漬け　　　つけ合わせ
　(左ページ参照)……全量　　　｜ 長ねぎ……12cm
油……大さじ1　　　　　　　　｜ ししとう……4本

1 長ねぎは長さ3cmに切る。ししとうは包丁の先で
　縦に切り込みを1本入れる。

2 フライパンに油を弱めの中火で熱し、解凍したぶ
　りを並べ入れる。あいているところに長ねぎ、しし
　とうを入れ、水大さじ1を加えてふたをし、2分ほど
　焼く。

3 ふたをはずしてぶりの上下を返し、2分ほど焼く。
　長ねぎ、ししとうを取り出し、漬け汁を加えてから
　めながら照りが出るまで煮詰める。器に盛り、長
　ねぎとししとうを添える。

ぶりの竜田揚げ

しっかり下味がついているから、
何もつけなくてもおいしい。

材料(2人分)

ぶりのしょうがじょうゆ漬け
　(左ページ参照)……全量
片栗粉、揚げ油……各適量
つけ合わせ
｜ さつまいも……6cm(約100g)

1 解凍したぶりはひと口大に切る。さつまいもは皮
　つきのまま幅5mmの半月切りにする。

2 フライパンに揚げ油を深さ2cmほど入れ、さつま
　いもを入れてから弱めの中火にかける。2〜3分
　たってシュワシュワと泡が出てきたら、菜箸で混
　ぜながらさらに2〜3分揚げて取り出す。

3 続いてぶりの汁けを拭き、片栗粉をまぶして入
　れ、1分ほど揚げたら、上下を返しながらさらに2
　分ほど揚げる。

使える 冷蔵保存

[かぼちゃ]

かぼちゃは、傷みやすい種とワタを除き、水けが出ないようにペーパータオルを詰めてから保存袋に入れます。

保存期間の
目安 4-5 日間

[青じそ]

少量の水を入れたビンに立てて入れ、ラップをかけます。葉は水につかないようにして1〜2日おきに水を替えて。

保存期間の
目安 約1週間

[かぶ]

かぶは、すぐに葉を切り落とすと持ちがよくなります。葉はぬらしたペーパータオルに包み、保存袋に入れます。

保存期間の
目安 3-4 日間

[きのこ]

買ったパックのままでは、蒸れて傷みやすくなるのでペーパータオルを敷いたふたつきの保存容器に入れます。

保存期間の
目安 4-5 日間

[もやし]

ふたつきの保存容器に入れて水にひたし、空気に触れないようにします。1〜2日おきに水を替えて。

保存期間の
目安 4-5 日間

[しょうが]

ふたつきの保存容器に入れて水にひたし、空気に触れないようにします。1〜2日おきに水を替えて。

保存期間の
目安 約4週間

[キャベツ]

キャベツは変色を防ぐために芯を取ります。ぬらしたペーパータオルで包み、ラップでピッチリと包みましょう。

保存期間の
目安 3-4 日間

[サニーレタス]

サニーレタスは芯に十字の切り込みを入れ、ぬらしたペーパータオルで芯を覆うように包み、保存袋に入れます。

保存期間の
目安 3-4 日間

使える 冷凍保存

[余り野菜]

大根やにんじん、玉ねぎの切れ端やブロッコリーの芯などは、刻んで保存袋へ。凍ったままスープの具に使えます。

保存期間の目安 3-4週間

[万能ねぎ]

小口切りにして、保存容器に入れます。そのまま汁ものや料理の仕上げに使えて便利。長ねぎも同様です。

保存期間の目安 3-4週間

[トマト]

芯をくり抜き、丸ごとのまま保存袋に。凍ったまますりおろしてトマトソースやカレーなど、トマト缶感覚で使えます。

保存期間の目安 3-4週間

[ブロッコリー]

小房に分け、生のまま保存袋に。凍ったまま煮ものやスープに入れたり、電子レンジで解凍して炒めものにも。

保存期間の目安 3-4週間

[長いも]

長いもはすりおろして保存袋に入れます。使う分ずつ割って取り出し、自然解凍を。大根おろしも同様です。

保存期間の目安 3-4週間

[あさり]

あさりは砂抜きをして(P.107参照)保存袋に入れます。凍ったまままみそ汁や、酒蒸しに。しじみも同様です。

保存期間の目安 3-4週間

[油揚げ]

食べやすく刻んで保存袋に入れておけば、使う分だけ取り出せて便利。凍ったまままみそ汁や煮びたしに使います。

保存期間の目安 3-4週間

[きのこ]

食べやすく切ったりほぐしたりして保存袋に入れ、空気を抜いて口を閉じます。凍ったまま炒めものや煮ものに。

保存期間の目安 3-4週間

時間をかけずにいつものおい

味つけに迷

作りおき調

しさ

わない

味料

計量する手間なく、すぐ使えて、

いつも同じ味に決まる、便利な合わせ調味料。

市販のめんつゆやドレッシングも便利だけれど、

自分で作れば好みの味にできるし安心。そのうえ安上がりです。

炒めものや煮ものの味つけにはもちろん、

そのままかけたりあえたりするのにも使えるから、とってもラクチン！

万能だれ

かつおだしのうまみが効いためんつゆ風。
電子レンジで簡単に作れます。下味つけから
煮もの、炒めものの調味、つけだれ、かけだれと幅広く使えます。

[材料 (作りやすい分量・約220㎖)]

かつお削り節……6g
しょうゆ、酒、みりん……各大さじ6
砂糖……大さじ2

[作り方]

耐熱ボウルにすべての材料を入れ、ラップはかけずに電子レンジで4分ほど加熱する。ざるでこす。

➡ 保存期間の目安

清潔な保存容器に入れて
冷蔵庫で保存します。

約
3
週間

➡ たとえばこんな使い方を

● きんぴらや照り焼きの味つけに。しょうがのすりおろしを加えれば、しょうが焼きのたれにも。
● 冷ややっこや納豆、水炊きなど鍋料理、そうめんやうどん、そばのつけだれ、かけだれに。
● 水で薄めて野菜の煮びたしに。

小松菜と
油揚げのさっと煮

うまみの効いた上品な煮汁が
簡単にできます。

材料(2人分)
小松菜……½束(約100g)
油揚げ……1枚
万能だれ(左ページ参照)……大さじ1

1 小松菜は根元を切り落とし、長さ3cmに切る。鍋
  に湯を沸かし、油揚げをさっと湯通しする。粗熱
  が取れたら水けをしぼり、細長く半分に切ってか
  ら、幅1.5cmに切る。
2 鍋に万能だれと水大さじ4を入れて中火にかけ、
  煮立ったら油揚げ、小松菜の順に加える。ふたを
  して2分ほど煮る。

親子丼

だしの香りが食欲をそそるどんぶりごはん。
卵はとろとろの半熟に。

材料(2人分)
鶏もも肉……小1枚(約200g)　　温かいごはん……適量
玉ねぎ……½個　　　　　　　　**万能だれ(左ページ参照)**
卵……3個　　　　　　　　　　**……大さじ2**
みつば……適量

1 鶏肉はひと口大に切る。玉ねぎは縦に薄切りに
  し、みつばは長さ2〜3cmに切る。卵は溶きほぐ
  す。
2 直径20cmのフライパンに、万能だれ、水½カップ
  を入れて中火で煮立て、鶏肉、玉ねぎを加えて3
  分ほど煮る。溶き卵の半量を中心から少しずつ
  加え、半熟になったら残りの溶き卵を再び中心か
  ら少しずつ加える。
3 みつばを散らして火を止め、ふたをして1分ほど
  蒸らす。器にごはんを盛り、のせる。

ごまだれ

ごまの香ばしさとほどよい酸味が食欲をそそります。
野菜にも、肉や魚にもよく合う使い勝手のよいごまだれです。
材料を混ぜるだけなので簡単。

[材料 (作りやすい分量・約100㎖)]
白練りごま……大さじ3
酢……大さじ2
しょうゆ、砂糖……各大さじ1
ごま油……小さじ1

[作り方]
すべての材料をよく混ぜる。

➡ 保存期間の目安

清潔な保存容器に入れて
冷蔵庫で保存します。

約
3
週間

➡ たとえばこんな使い方を

●水炊き鍋やしゃぶしゃぶ鍋のつけだれに。
●ゆで野菜、生野菜にそのままつけて。
●だしでのばしてそば、うどんのつけだれ、かけだれに。

かぼちゃの
ごまだれあえ

かぼちゃの甘みと
ごまの香ばしさがマッチ。
レンジ加熱したにんじんやごぼうでも。

材料(2人分)
かぼちゃ……200g
ごまだれ(左ページ参照)……大さじ2

1 かぼちゃは種とワタを取り、3cm角に切る。耐熱
　ボウルに入れ、ふんわりとラップをかけて電子レ
　ンジで4分ほど加熱する。
2 ごまだれを加えてあえる。

中華風刺身サラダ

お刺身をいつもと違う食べ方で。
みょうがなどの薬味野菜を加えてもおいしい。

材料(2人分)
鯛(刺身用)……80g
きゅうり……½本
長ねぎ……5cm
ごまだれ(左ページ参照)……大さじ2

1 長ねぎは縦に切り込みを入れて芯を除き、細め
　のせん切りにする。水に5分ほどさらし、水けをき
　る。きゅうりはせん切りにする。
2 ボウルに鯛を入れ、ごまだれを加えてあえる。器に
　きゅうりを盛り、鯛、長ねぎの順にのせる。

甘みそだれ

どんな食材にも好相性のこっくりした味わい。
煮ものを作るときも、煮汁にさっと溶けます。
生野菜につけてもおいしい。

[材料 (作りやすい分量・約150ml)]
みそ、砂糖……各大さじ4
酒、しょうゆ……各大さじ2

[作り方]
すべての材料をよく混ぜる。

➡ 保存期間の目安

清潔な保存容器に入れて
冷蔵庫で保存します。

約
3
週間

➡ たとえばこんな使い方を

● なすや豆腐をこんがり焼いて甘みそだれを塗り、さらに香ばしく焼いて、みそ田楽風に。
● ゆでた野菜などとあえて、みそあえに。
● 油や酢と混ぜて、ドレッシング風の使い方も。

※アルコールに弱い人は、加熱調理に使ってください。

さばのみそ煮

みそだれは2回に分けて加え、
香りよく仕上げます。

材料（2人分）
さば……2切れ　　　酒……大さじ4
ごぼう……6cm　　　**甘みそだれ（左ページ参照）**
しょうがの薄切り　　　　**……適量**
　　……1かけ分

1　さばは皮目に十字の切り込みを入れる。ごぼうは
　たわしでこすり洗いし、麺棒などでたたいて棒状
　に割り、水に5分ほどさらして水けをきる。
2　フライパンに水1カップと酒、しょうがを入れ、強火
　にかける。煮立ったら中火にし、さばを切り込み
　を入れた面を上にして入れ、あいているところに
　ごぼうを入れる。甘みそだれ大さじ3を溶き入れ、
　落としぶたをして煮立て、3分ほど煮る。
3　煮汁が半分くらいになったら、甘みそだれ大さじ
　2を溶き入れて、ひと煮立ちさせる。

なすとピーマンの
甘みそ炒め

相性抜群の組み合わせ。
豚肉や鶏肉を加えてボリュームアップさせても。

材料（2人分）
なす……1本
ピーマン……1個
甘みそだれ（左ページ参照）……大さじ1
ごま油……大さじ1

1　なすは乱切りにし、さっと水にさらして水けをきる。
　ピーマンは縦半分に切ってヘタと種を取り、乱切
　りにする。
2　フライパンにごま油を中火で熱し、**1**を炒める。し
　んなりしたら甘みそだれを加え、炒め合わせる。

万能甘酢

あえものだけでなく、
炒めものの味つけにも使えます。
甘みがあるのですし酢がわりにも。

[材料 (作りやすい分量・約150㎖)]
酢……大さじ8
砂糖……大さじ4
塩……小さじ2

[作り方]
すべての材料をよく混ぜる。

➡ **保存期間の目安**

清潔な保存容器に入れて
冷蔵庫で保存します。

約
3
週間

➡ **たとえばこんな使い方を**

●ごま油やオリーブオイルなど、好みの油と合わせてサラダのドレッシングに。
●切った野菜を漬け込んで、甘酢漬けに。
●炊きたてのごはんに混ぜてすし飯に。1合分なら大さじ3、
　ごはん茶碗1杯なら大さじ1½が目安。

さつまいもと 豚肉の甘酢炒め

炒めると酢のツンとした酸味が飛んで
やさしいうまみに変化します。

材料(2人分)
さつまいも……1本(約200g)
豚こま切れ肉……150g
万能甘酢(左ページ参照)
　……大さじ2
油……小さじ2
こしょう……少々

1 さつまいもは皮つきのまま太さ1cmの棒状に切
り、さっと水にさらして水けをきる。

2 フライパンに油を弱めの中火で熱し、**1**を入れ、水
大さじ2をふってふたをし、2分ほど蒸し焼きにす
る。豚肉を加えて炒め、肉の色が変わったら万能
甘酢をまわしかけてさっと混ぜ、こしょうをふる。

ラーパーツァイ

中華風の塩もみ白菜の甘酢あえ。
熱したごま油をジュッとかけます。

材料(2人分)

白菜……2枚(約150g)	**万能甘酢(左ページ参照)**
しょうがのせん切り……1かけ分	……**大さじ1**
赤唐辛子の小口切り……少々	ごま油……大さじ1

A 水……大さじ2
　　塩……小さじ½

1 白菜は縦に長さ4〜5cm、幅1cmに切り、混ぜた
Aをふってからめ、10分ほどおいて、水けをしぼる。

2 **1**を耐熱ボウルに入れ、しょうが、赤唐辛子、万能
甘酢を加えてあえる。

3 小さなフライパンにごま油を入れてしっかり熱し、
2にかけて混ぜる。

ドレッシング

生野菜もゆで野菜も、コレをかけるだけで1品完成！
好みや料理に合わせて、使い分けましょう。
使う前にもう一度、全体がとろりとするまでよく混ぜてください。

➡ **保存期間の目安**

清潔な保存容器に入れて
冷蔵庫で保存します。

約**3**週間

ドレッシング

フレンチドレッシング

ドレッシングといえばコレ！
炒めものやマリネにも使えます。

[**材料 (作りやすい分量・約½カップ分)**]
油……大さじ4
酢……大さじ2
砂糖……小さじ1
塩……小さじ½
こしょう……少々

[**作り方**]
すべての材料をよく混ぜる。

② 中華ドレッシング

ごま油とにんにくの香りがふわり。
ゆでた鶏ささ身や豚しゃぶにも好相性。

[材料 (作りやすい分量・約½カップ分)]
にんにくのすりおろし……½片分
ごま油……大さじ4
酢……大さじ2
しょうゆ……小さじ2

[作り方]
すべての材料をよく混ぜる。

③ 和風ドレッシング

しょうがを加えた和風味。
冷ややっこのたれとしても使えます。

[材料 (作りやすい分量・約½カップ分)]
しょうがのすりおろし……1かけ分
白いりごま……小さじ1
油……大さじ4
酢……大さじ2
しょうゆ……小さじ2

[作り方]
すべての材料をよく混ぜる。

素材別索引

肉・肉加工品

魚介・魚介加工品

しらいのりこ

料理研究家。身近な調味料で誰にでも作れて、飽きずにおいしく食べられるレシピに定評がある。夫・ジュンイチ氏と2人で、ごはん好きの、ごはん好きによる、ごはん好きのための炊飯系フードユニット「ごはん同盟」としても活動中。ワークショップや料理教室などを通じて、日々、ごはんをおいしく味わう方法を発信している。近著に『パラパラじゃなくていい！ 最高のチャーハン50』（家の光協会）。

STAFF

撮影　竹内章雄
スタイリング　阿部まゆこ
アートディレクション　中村圭介（ナカムラグラフ）
デザイン　樋口万里、藤田佳奈（ナカムラグラフ）
調理アシスタント　吉野レミ、野田亜沙美
校正　堀江圭子
構成・編集制作　岡村理恵、久保木薫
協力　シライジュンイチ（ごはん同盟）
企画・編集　川上裕子（成美堂出版編集部）

撮影協力 UTUWA　☎03-6447-0070

これがほんとの料理のきほん

著　者　しらいのりこ
発行者　深見公子
発行所　成美堂出版
　　　　〒162-8445　東京都新宿区新小川町1-7
　　　　電話(03)5206-8151　FAX(03)5206-8159
印　刷　大日本印刷株式会社

©SEIBIDO SHUPPAN 2020 PRINTED IN JAPAN
ISBN978-4-415-32797-6
落丁・乱丁などの不良本はお取り替えします
定価はカバーに表示してあります